우리 교회를 위한
아름다운 삶 시리즈

52주 구역 공과

부흥하는 믿음생활

2

예수사랑

아름다운 삶 시리즈 교재의 특징

1. 성경을 관통하는 핵심 주제
   성경 말씀에 나타나는 다양한 주제들을 정리하여 심도 있게 설명한다.

2. 본문 중심의 깊이 있는 말씀
   짧지만 본문을 기본으로 깊이 있는 말씀을 조리 있게 해설한다.

3. 탄탄한 교리에 바탕을 둔 해설
   성경의 다양한 교리들을 정리하여 우리에게 꼭 필요한 핵심들을 전달한다.

4. 1년을 위한 구역 공부
   매월에 맞춰 편성함으로써 교회에서 1년간 사용할 수 있도록 했다.

5. 모두가 인도할 수 있는 쉬운 설명
   어느 누구나 인도자가 되어 구역 공부를 인도할 수 있도록 일상적인 용어를 사용한다.

6. 성경이 증거로 따르는 교재
   각 과의 부분마다 성경 본문을 제시하여 함께 읽으며 그 증거를 찾아볼 수 있게 한다.

7. 삶과 밀접한 적용
   다양한 적용들을 제시함으로써 성도들이 함께 생각하고 적용할 수 있도록 한다.

사용방법

1. 제시된 성경 구절을 찾아 읽는다.

2. 함께 찬양을 한 후 기도를 한다.

3. 인도자가 '마음 열기'를 읽고 지정된 담당자가 각 부분과 해당 성경 구절을 읽는다.

4. 느낀 점이 있는지 서로 간략하게 나눈다.

5. 인도자는 '생각 나누기'를 하나씩 질문하여 교훈과 실천해야 할 사항을 나누게 한다.

6. 인도자는 마지막으로 내용을 정리한 후 함께 기도하고 대표 기도로 마친다.

Contents

I. 교회와 부흥

- chapter 1 기도에 집중하라 · 8
- chapter 2 전도에 집중하라 · 12
- chapter 3 양육에 집중하라 · 16
- chapter 4 섬기며 세워 주라 · 20
- chapter 5 자랑의 삶을 살자 · 24
- chapter 6 주님의 은혜를 사모하라 · 28

II. 예배와 회복

- chapter 7 예배란 무엇인가? · 34
- chapter 8 예배의 삶 · 38
- chapter 9 온전한 예배 · 42
- chapter 10 예배의 대상 · 46
- chapter 11 예배와 축제 · 50

III. 전도와 방법

- chapter 12 전도 대상자 확보 · 56
- chapter 13 호명 기도 · 60
- chapter 14 복음 제시 · 64
- chapter 15 성령님의 도우심 · 68
- chapter 16 전도와 후속 조치 · 72

IV. 기도와 능력

- chapter 17 축복의 통로가 되는 기도 · 78
- chapter 18 만사를 변화시키는 기도 · 82

	chapter 19 옥문을 여는 능력의 기도	· 86
	chapter 20 여리고성을 무너뜨리는 기도	· 90
	chapter 21 기도와 성령 충만	· 94

Ⅴ. 갱신과 회복

chapter 22 침체된 구역을 회복시키라	· 100
chapter 23 식은 심령에 불을 지피라	· 104
chapter 24 행동하는 신앙인이 되라	· 108
chapter 25 낮은 자리에서 섬기라	· 112
chapter 26 당신의 생각을 변화시키라	· 116

Ⅵ. 섬김과 헌신

chapter 27 섬기는 자의 행복	· 122
chapter 28 섬김에 대한 보상	· 126
chapter 29 성경의 원리로 섬겨야 한다	· 130
chapter 30 섬김의 동기	· 134
chapter 31 섬김으로 높아지기	· 138

Ⅶ. 선교와 사역

chapter 32 선교하는 사명	· 144
chapter 33 선교하는 이유를 알라	· 148
chapter 34 선교의 균형을 가져라	· 152
chapter 35 선교의 동역자가 되라	· 156
chapter 36 안디옥 교회의 선교 사역	· 160

Ⅷ. 영성과 성장	chapter 37 성장의 7가지 원리	· 166
	chapter 38 성장의 흔적	· 170
	chapter 39 예수님을 닮는 성장	· 174
	chapter 40 영적 성장 원리	· 178
	chapter 41 성장의 결과	· 182
Ⅸ. 사명과 감당	chapter 42 자신의 사명을 발견하라	· 188
	chapter 43 세례 요한의 사명	· 192
	chapter 44 교회 일꾼의 사명	· 196
	chapter 45 예수님의 사명이 나의 사명	· 200
	chapter 46 영광을 돌리는 사명	· 204
Ⅹ. 절기와 은혜	chapter 47 신실한 약속과 신년	· 210
	chapter 48 십자가의 고난	· 214
	chapter 49 부활한 몸의 다양성	· 218
	chapter 50 성령 강림	· 222
	chapter 51 행복한 가정	· 226
	chapter 52 성탄의 선물	· 230

1

교회와 부흥

- chapter 1 **기도에 집중하라**
- chapter 2 **전도에 집중하라**
- chapter 3 **양육에 집중하라**
- chapter 4 **섬기며 세워 주라**
- chapter 5 **자랑의 삶을 살자**
- chapter 6 **주님의 은혜를 사모하라**

chapter 1
기도에 집중하라

성경 / 요 16:23-24(p.176)
찬송 / 361(통480), 539(통483)

> **마음 열기**
>
> 늙은 구두쇠가 있었습니다. 그는 모든 일 중에 오직 자기의 이익만을 생각했습니다. 그런 그가 하나님께 간절한 기도를 드렸습니다.
> "오, 하나님. 전능하신 주여! 주님 홀로 영광 받으시옵소서. 하나님 만약 제게 일억 원을 주신다면, 그 즉시 가난한 이들에게 천만 원을 기부하겠습니다. 약속합니다! 저를 잘 아시잖습니까! 전능하신 하나님, 만약 제 약속이 믿어지지 않는다면, 먼저 천만 원을 제하시고, 구천만 원만 주셔도 됩니다."

기도는 아무리 강조해도 지나침이 없습니다. 하지만 인간의 욕심을 위한 기도는 의미가 없습니다. 우리가 참된 기도를 알고 기도에 집중할 때 주님은 역사하십니다. 새해 들어서 교회 부흥과 가정의 축복을 위해서 가장 먼저 해야 할 일은 기도에 집중하는 일입니다.

본문에서 예수님은 우리에게 기도에 집중할 것을 말씀하셨습니다. 기도에 집중하는 사람이 실패할 수 없음은 기독교 역사가 증명하는 바이며, 성경이 증명하는 바이고, 주님이 말씀하시는 바입니다.

그렇다면 우리가 기도에 집중해야 할 이유는 무엇입니까?

1. 성령님이 계시기 때문입니다(23절 상).

성경의 위대성은 구속사에 대하여 미리 말씀하시고 그 말씀을 따라서 성취해 나가는 것입니다.

예수님은 제자들에게 자신이 죽었다가 다시 살아 승천하게 되시니 다시는 제자들이 자신을 보지 못할 것이라고 말씀하셨습니다. 예수님이 과거와 같이 제자들의 곁에 육신의 몸으로 없다고 할지라도 근심하거나 걱정하지 않을 이유는 예수님을 대신해서 성령님이 그들과 함께 거하실 것이기 때문입니다.

과거에는 예수님에게 물었지만, 성령님이 오신 다음부터는 성령님이 밝히 깨닫게 해 주실 것이기에 제자들의 마음에 기쁨이 넘치게 됩니다. 새해를 맞이하여 교회 부흥과 가정의 축복을 위해서 성령님께서 인도해 주시도록 위해서 기도해야 할 것입니다.

> **말씀 읽기** 요 14:25-26

2. 주님의 약속 때문입니다(23절 하).

우리가 믿는 하나님은 어떤 분이십니까? 하나님은 천지 만물을 창조하신 분이시며, 무(無)에서 유(有)를 창조하신 전능한 분이요, 못

이룰 것이 없는 분이십니다. 그렇기에 하나님께서 한 말씀만 하시면 다 이루실 수 있습니다. 주님은 제자들에게 약속하여 말씀하기를 우리가 구하는 것이 무엇이든지 예수님의 이름으로 아버지께 구하면 다 이루어 주신다고 했습니다.

주님의 약속을 믿고 금년 한 해를 기도로 시작하고, 기도에 집중해야 합니다. 교회 부흥과 가정, 구역을 위해서 서로 기도하면 큰 역사를 이루게 될 것입니다.

말씀 읽기 ▶ 요 15:7

3. 기도의 능력 때문입니다(24절)

오늘 본문에서 예수님은 제자들에게 기도 응답에 대한 약속을 하시면서 더욱 강조하여 명령의 말로 말씀하십니다. 사람들이 지금까지 기도 응답을 받지 못했던 중요한 이유는 예수의 이름으로 기도하지 않았기 때문이었다는 것입니다. 그리고 명령형으로 말씀하시기를 "구하라 그리하면 받으리니 너희 기쁨이 충만하리라"고 하셨습니다.

여기서 우리가 유의해야 할 것은 그의 제자들이 누릴 충만한 기쁨과 축복은 다른 방법에 의해서 주어지는 것이 아니라, 기도로 이루어진다는 것입니다. 기도는 응답의 능력이 있어서 기도하는 자들에게 기쁨이 충만하게 만드는 능력이 있습니다. 그러므로 우리가 기도의 능력을 바로 알아서 금년에는 기도에 집중해야 할 것입니다.

말씀 읽기 ▶ 마 21:21-22

생각 나누기

01 우리가 기도할 수 있는 이유는 무엇입니까?

02 우리가 기도할 수 있도록 하신 주님의 약속은 무엇입니까?

03 우리가 충만한 기쁨과 축복을 받을 수 있는 방법은 무엇입니까?

chapter 2
전도에 집중하라

성경 / 마 28:19-20(p.52)
찬송 / 520(통257), 523(통262)

> **마음 열기**
>
> 목사님이 강단에서 신자 배가 운동을 강조하며 열심히 전도하라고 설교하시자, 어떤 교인이 목사님에게 이렇게 말했습니다.
> "목사님, 우린 말주변이 없어서 전도할 수가 없어요, 아무래도 목사님이 전문가이시니까 전도는 목사님이 하셔야 하겠습니다."
> 그러자 목사님은 대답했습니다.
> "여러분! 어미 양이 새끼를 낳아 번식시키지, 목자가 새끼 양을 낳는 것 보셨습니까?"

우스운 이야기이지만 일리가 있는 말입니다. 교회의 목회자만 나서서는 전도할 수 없습니다. 온 성도가 온 교회원이 한 마음 한 뜻이 되어서 전도에 집중해야 합니다. 전도는 온 성도가 함께 수행해야 할 직무입니다.

오늘 본문은 예수님이 제자들에게 지상 명령으로 하신 말씀으로, 그 핵심은 전도와 양육과 훈련을 통한 재생산에 있습니다. 이 명령은 예수님을 믿는 사람 누구에게나 해당되는 말씀입니다. 전도는 금년에 우리가 집중해야 할 가장 중요한 명령입니다.

그렇다면 우리는 왜 전도에 집중해야 할까요?

1. 예수님의 명령

본문에 보면 '가라', '제자를 삼으라', '세례를 주라', '가르쳐 지키게 하라'는 예수님의 명령이 나옵니다. 여기서 '가라'는 우리를 향한 명령으로, 바로 전도하기 위해 우리가 가라는 뜻입니다. 부흥하는 교회의 특징은 교회 안의 모든 사람들이 예수님의 지상 명령을 이해하고 전도를 위해서 기도하며, 관심을 갖고 실천한다는 것입니다.

우리는 금년 한 해 교회 부흥을 사모하며, 전도에 최선을 다하는 교회가 되도록 힘써야 합니다. 구역의 부흥이 교회 부흥이라는 사실을 명심하고 최선을 다해야 합니다.

말씀 읽기 행 2:46-47

2. 인류 구원의 원리

예수님은 지상 명령을 주시면서 '모든 족속'이라고 하셨습니다. 이는 복음이 유대인들만을 위한 것이 아님을 알게 합니다. 주님은 이방인들에게도 복음을 전해 세계의 모든 족속들이 다 예수를 믿고 천국 백성이 되는 것이 주님의 뜻임을 보여 주십니다.

전도는 인류 구원을 위한 가장 중요한 진리입니다. 오늘 우리가 전도에 힘쓰는 것이 중요한 이유는 전도를 통해 한 영혼이 구원받으며, 나아가서는 모든 족속이 구원받는 초석이 될 수 있기 때문입니다.

말씀 읽기 롬 10:15

3. 교회 부흥의 원리

예수님이 내리신 지상 명령은 인류 구원을 위한 핵심적인 원리인 동시에 그대로 실천되어야 할 교회 부흥의 원리입니다. 오늘날 전도 없는 교회 부흥은 기대할 수 없습니다. 그러므로 금년 한 해 동안 전도의 귀중함을 깨닫고 이웃을 전도하기에 힘쓰는 구역이 되도록 하며, 이를 위해서 서로 위해 기도하며 격려해야 할 것입니다.

말씀 읽기 행 11:19-21

생각 나누기

01 예수님이 '가라'라고 명령하심은 누구를 향한 명령입니까?

02 인류 구원을 위한 중요 원리는 무엇이라 할 수 있습니까?

03   교회 부흥을 위한 가장 기본적인 원리는 무엇입니까?

chapter 3
양육에 집중하라

성경 / 히 10:23-25(p.364)
찬송 / 524(통313), 325(통359)

마음 열기

유명한 기독교인 의사 한분이 갑자기 세상을 떠났습니다. 그의 아내는 깊은 슬픔에 잠기게 되었습니다. 그러나 그녀는 도리어 하나님의 말씀을 통해 깊은 믿음을 갖게 되었습니다. 그녀는 다음 날 남편의 진료실 앞에 작은 카드 하나를 붙였습니다.
"남편은 지금 부재중입니다. 예수님과 함께 올 것입니다."
그녀는 죽음이 아픔이요 슬픔이지만 일시적인 이별에 불과하다는 걸 깨달았기 때문입니다.

예수님을 믿는 사람과 그렇지 않은 사람의 차이는 인생에 위기가 닥쳐왔을 때 보면 알게 된다는 말이 있습니다. 처음 교회에 온 사람을 잘 양육한다면 그는 인생의 어떤 어려움이 와도 믿음으로 소화할 수 있는 굳건한 신앙인이 될 것입니다.

사도 바울은 본문에서 그리스도인들이 예수를 믿으면서 믿는 소망을 굳게 붙잡고, 그렇지 못한 사람이 있을 때에는 서로 돌아보아 격려하도록 권면합니다. 믿음 안에서 양육은 바로 이런 것입니다. 그렇다면 우리는 신자의 양육을 어떻게 해야 할까요?

1. 믿음의 도를 굳게 잡게 하라(23절).

한때 잘 나가던 세상 사람들이 문제가 발생할 때 쉽게 좌절하고 절망하는 이유 중 하나는 그들이 지금까지 붙들고 의지하였던 것들이 영원하지 못하고 곧 힘없이 무너져 버리기 때문입니다.

그리스도인들은 세상이 아닌 하늘에 속해 있습니다. 신자들은 세상에 속한 어떤 것이 다 무너져 내린다고 할지라도 흔들리지 않고 굳세게 살아갈 수가 있습니다.

본문 23절에서 '약속하신 이는 미쁘시니'라고 합니다. 여기서 '미쁘다'는 헬라어로 '피스토스'인데 '진실하고, 확실하며, 변치 않는 믿음'을 의미합니다. 신자가 붙들고 사는 믿음의 소망은 바로 이런 것입니다. 새신자를 전도하여 이 믿음의 말씀으로 양육할 때에 이들은 믿음이 굳게 되고 나아가 재생산을 통해 교회가 부흥되게 됩니다.

말씀 읽기 ▶ 사 55:3

2. 서로 돌아보며 격려하라(24절).

우리가 예수님을 믿는다고 언제나 믿음이 충만하여 승리하는 것은 아닙니다. 때로는 낙심하여 좌절과 낙망에 빠지기도 하고, 심지어 교회에 출석조차 못할 수 있습니다. 이럴 때 필요한 일은 다시 일어설 수 있도록 서로 돌아보며 격려하는 것입니다.

본문 24절 '격려하다'는 말의 헬라어는 '프록쉬스몬'입니다. 이 말은 원래 '날카롭게 하다'를 의미했지만, 후에 '자극하다'란 말로 발전되었습니다. 다시 말해서 성도들은 모든 일에 서로 배려하고 자극을 주면서 사랑과 선행에 힘써야 한다는 의미입니다.

말씀 읽기 ▶ 행 4:36-37

3. 모이기에 힘쓰게 하라(25절).

교회 부흥에서 가장 중요한 요소 중 하나는 바로 모이기를 힘쓰는 것입니다. 주일성수와 예배에 힘쓰고 각종 모임에 힘쓰게 되면, 교회의 분위기가 아름다워지게 되고, 교회는 저절로 부흥하게 됩니다. 마찬가지로 구역에서도 구역 예배에 모이기를 힘써야 합니다. 구역에 모여서 서로를 격려하고, 삶을 나누며, 함께 위해서 기도하면 그런 교회, 그런 구역의 부흥은 당연합니다.

본문 24절에서는 그날이 가까워 옴을 볼수록 더욱 모이기에 힘쓸 수 있도록 권면하였습니다. 요즈음 세상에는 온갖 천재지변이 전 세계의 곳곳에서 일어나서 많은 사람들이 불안한 중에 살고 있습니다. 이럴 때일수록 우리는 더욱 모이기를 힘쓰고, 이런 신앙을 소유하도록 양육에 힘써야 할 것입니다.

말씀 읽기 ▶ 마 24:3-8

생각 나누기

01 신자가 붙들고 사는 믿음의 소망은 어떤 것입니까?

02 우리가 서로 돌아보며 격려해야 할 이유는 무엇입니까?

03 우리가 모이기에 힘쓰기 위해 해야 할 일은 무엇입니까?

chapter 4

섬기며 세워 주라

성경 / 고전 16:15-18(p.285)
찬송 / 352(통390), 559(통305)

마음 열기

장로님 부부가 어떤 사람을 전도하여 깊은 신앙을 갖도록 하기 위해 열심히 노력했습니다. 수년간 온갖 정성을 다 들여 섬겼지만, 그 사람의 신앙에는 변화가 일어나지 않아 실망했습니다. 그런 와중에 장로님 부부는 미국으로 이민을 갔습니다. 하루는 그 사람이 미국에 여행을 오게 되었다면서 한 번 방문하고 싶다고 하였습니다. 그 사람을 7년 만에 만난 장로님 부부는 깜짝 놀랐습니다. 그 사람이 성령 충만한 사람으로 변화되어있었던 것입니다. 그는 하루 종일 자기가 받은 하나님의 은혜에 대해 이야기했습니다. 장로님 부부는 그 사람들을 보면서 수년간 온갖 수고를 하면서 섬겼던 그 열매가 열려 돌아온 것을 확인하고 감사했습니다.

교회 부흥의 가장 확실한 방법 중에 하나는 서로가 서로를 섬기는 삶을 실천하는 것입니다. 교회 안에서는 세상 지위의 높고 낮음이 있을 수 없습니다. 오히려 서로가 낮은 자리에서 다른 사람을 섬기는 삶의 실천이 필요합니다.

그렇다면 우리는 섬김을 어떻게 실천해야 할까요?

1. 더 연약한 자를 섬기라.

교회에 먼저 발을 들여 놓은 사람은 나중에 온 사람보다 복음에 한 발 더 나간 것입니다. 그렇기 때문에 교회에 먼저 온 사람은 보다 믿음이 연약한 사람을 도울 수 있습니다. 교회에 먼저 왔다고 신앙이 못해 보이는 사람을 우습게 여기거나 무시해서는 안 됩니다. 오히려 진심으로 연약한 자들의 믿음이 세워지기를 바라는 마음으로 그들을 도우며 섬겨야 합니다.

말씀 읽기 롬 8:26

2. 다른 사람을 또다시 세우게 하라.

만일 우리가 더 연약한 자의 믿음을 세우게 된다면, 그들은 믿음이 성장한 이후에 또 다시 다른 사람을 위해 낮은 자리에서 섬기며 봉사하는 삶을 살게 됩니다. 교회에는 전도를 통해 복음을 처음 들은 사람들이 끊임없이 들어옵니다. 그럴 때 이들을 믿음으로 섬기며 세워 주는 친절한 사람이 곁에 있게 되면 교회의 정착율도 높아지고 결국 교회 부흥이 이뤄지게 됩니다.

말씀 읽기 딤후 2:2

3. 어려움 당한 사람에게 용기를 북돋아 주라.

고린도전서는 바울이 제3차 전도 여행 중 에베소에 약 3년간 머물렀을 때에 기록된 것입니다. 당시 고린도 지역 인구의 약 3분의 2는 노예들이었습니다. 그런 지역적인 환경에 처한 곳에서 들려오는 소식은 암울하기만 하였습니다. 바울은 고린도 교회 성도들을 격려하면서 그곳의 첫 열매인 스데바나의 말을 잘 듣고 주님을 섬기도록 권면했는데, 그들은 고린도 교회 성도들과 바울의 마음을 시원하게 할 정도로 훌륭한 믿음의 사람들이었습니다.

본문 18절에서 '시원케하다'는 현대어 번역 성경에서 '용기를 북돋아 주고, 격려가 되었다'는 말로 해석했습니다. 교회 부흥은 이런 사람들이 교회에 많이 나타날 때 이루어집니다.

말씀 읽기 히 10:24

생각 나누기

01 교회에 먼저 온 사람들이 감당해야 할 중요한 사역은 무엇입니까?

02 우리가 믿음이 연약한 사람을 세우게 될 때 교회에는 어떤 일이 일어나게 됩니까?

03 주님의 마음을 시원하게 하는 믿음의 사람들은 어려움을 당한 사람들을 어떻게 도울 수 있습니까?

chapter 5
자랑의 삶을 살자

성경 / 시 44:8(p.833)
찬송 / 94(통102), 185(통179)

마음 열기

미국에서 박사학위를 받고 온 어떤 사람이 교회에서 오랜만에 사람들을 만났습니다. 미국서 공부한 그는 은근히 자기 자랑을 늘어놓았습니다. 이야기를 듣다 은근히 화가 난 한 사람이 말했습니다.
"그래요. 박사학위를 받았다고요. 여기 있는 우리는 모두 Ph. D.(철학박사)를 갖고 있답니다."
갑자기 분위기가 썰렁해졌습니다. 박사학위를 받은 사람이 자리를 떠난 후 남은 사람들이 왜 그런 거짓말을 했느냐고 물었습니다. 그때에 그는 이렇게 대답했습니다.
"사실 우리 모두는 Ph. D.아닙니까? Praise Him Daily."

자랑에도 종류가 있습니다. 세상적인 자랑도 있고, 영적인 자랑도 있습니다. 세상적인 자랑은 사람을 교만하게 하고, 듣는 이로 하여금 역겹게 느끼게 하지만, 영적인 자랑은 하면 할수록 은혜가 되고 복음전파에 도움이 됩니다.

그렇다면 성도는 어떤 자랑을 해야 교회 부흥에 도움이 될까요?

1. 예수님 자랑을 잘하자.

신자의 자랑 중에서 예수님 자랑, 복음 자랑은 아무리 많이 해도 부끄러움이 없고, 전도의 역사를 일으킬 수 있는 원동력이 됩니다. 복음은 믿는 자에게 구원을 주는 하나님의 능력입니다. 예수님은 우리를 죄에서 구원할 분으로 이 땅에 오신 분입니다. 그렇기에 우리가 우리의 생활 속에서 예수님을 자랑하고 복음을 자랑하는 것은 전도에 큰 역사를 일으키며 하나님의 영광을 나타나게 만듭니다. 올 한 해 우리는 예수님 자랑, 복음 자랑하는 데 최선을 다해야 할 것입니다.

말씀 읽기 ▶ 고전 1:18

2. 내 교회를 자랑하자.

교회 부흥을 꿈꾸며 사모하는 사람이 교회를 자랑하는 일에 인색하다면 교회는 부흥할 수 없습니다. 하지만 가는 곳마다 만나는 사람마다 입을 벌려 예수님과 교회를 자랑을 하게 되면, 교회는 부흥하게 될 것입니다. 왜냐하면 불신 영혼, 낙심된 영혼이 예수님의 구원을 바라보고 교회를 궁금히 여기며 사모하게 될 것이기 때문입니다.

말씀 읽기 ▶ 살후 1:3-4

3. 목회자 자랑을 잘하자.

교회 부흥이 이루어지기 위해서는 성도들이 예수님 자랑, 교회 자랑과 더불어서 목회자를 자랑함이 일상화되어야 합니다. "우리 목사님이 최고야!", "우리 목사님은 참 좋아요." 등등 목회자 자랑을 잘하는 성도가 많아질 때에 교회 부흥이 이루어집니다.

사실 목회자도 인간인지라 때로는 실수를 할 수도 있고, 약점이 나타날 수도 있습니다. 하지만 우리의 믿음생활이 예수님을 바라보는 신앙이며, 목회자는 우리가 신앙 생활을 잘하고 성숙할 수 있도록 돕는 분이기에 목회자의 수고와 고마움을 알고 항상 격려해야 함이 필요합니다. 우리가 이처럼 목회자를 자랑할 때 목회자가 더욱 힘을 내 헌신할 것은 자명합니다. 금년 일 년 동안 구역에서 개인적으로 목회자에게 힘과 용기를 주는 언어 생활에 승리해야 할 것입니다.

말씀 읽기 히 13:17

생각 나누기

01 우리가 예수님을 자랑해야 할 이유는 무엇입니까?

02 우리가 교회를 자랑할 때 어떤 일이 일어나게 됩니까?

03 　우리가 섬기는 교회의 목회자 자랑으로 무엇을 말할 수 있습니까?

chapter 6
주님의 은혜를 사모하라

성경 / 시 107:4-9(p.881)
찬송 / 197(통178), 263(통197)

마음 열기

신앙 생활을 열심히 하는 형과 교회라면 치를 떠는 동생이 같이 살고 있었습니다. 어느 날 둘은 라면을 끓여 먹기로 했습니다. 라면을 다 끓이고 라면이 든 냄비를 식탁으로 옮기던 동생이 실수로 발이 미끈하여 냄비를 엎을 뻔했으나 다행히 라면을 한 방울도 쏟지 않았습니다. 이 모습을 본 형이 말했습니다. "주님 감사합니다. 다 주님의 은혜입니다." 조금 후 형이 라면을 먹다가 실수로 그릇을 팔로 치는 바람에 그릇이 뒤집어져 라면이 다 쏟아지고, 옷도 다 버리게 되었습니다. 그러자 동생이 빈정거리며 말했다. "주님 감사합니다. 다 주님의 심판입니다."

사람은 언어를 통해서 마음의 생각이 밖으로 나오며, 그 생각이 그 사람의 삶을 주장하게 되어 있습니다. 신앙 생활도 예외가 아닙니다. 언어생활을 어떻게 하느냐에 따라 그 사람의 신앙의 모습을 좌우하게 됩니다.

본문 4절을 보면, 광야 사막 길에서 방황하며 고통하는 사람들의 모습이 나옵니다. 이는 바로 세상에서 살고 있는 우리들의 모습입니다. 험한 광야 사막 길과 같은 곳에서 살고 있는 우리가 주님의 은혜를 사모하고 그 힘으로 살아간다면, 우리는 능히 승리하며 이 세상을 살아갈 수 있습니다. 또한 우리의 그런 모습을 주변에서 사람들이 보게 되어 우리와 동일한 환경에 처해 있는 그들이 교회를 찾아오게 되어 교회 또한 부흥하게 됩니다. 금년 일 년 동안 주님의 은혜를 사모하면서 살아가는 한 해가 되어야 합니다. 그렇다면 광야 사막 길과 같은 이 세상에서 우리는 어떻게 살아가야 할까요?

1. 부르짖어 기도하라.

본문 4절에 보면, 시편 기자는 광야 사막 길과 같은 곳에 서 있을 때에 하나님을 원망하거나 불평하지 않고 오히려 부르짖어 기도했습니다. 이때 하나님은 그를 외면하지 않고 그 고통에서 건져 주셨습니다. 이와 같은 사실은 바로 우리 역시 고난을 당하여 하나님께 부르짖을 때 구원해 주시고 은혜를 베풀어 주실 것임을 확신하게 합니다.

말씀 읽기 ▶ 시 107:13-14

2. 찬송의 삶을 살라.

이스라엘의 역사는 하나님의 구원사입니다. 이스라엘은 주변 열강의 침략을 받으면서 온갖 고통을 받았습니다. 이스라엘 백성들은 주변의 침략으로 인해 나라의 운명이 풍전등화(風前燈火)와 같은 처지에 빠질 때가 많았습니다. 그런데 그럴 때마다 하나님께 부르짖어 기도하였고, 하나님은 은혜의 손길로 구원해 주셨습니다.

본문 8절에서는 하나님께서 인생에게 행하신 기이한 일을 인해 찬송하라고 합니다. 인간의 수단과 계산으로는 도저히 해결할 수 없는 문제이지만 오직 하나님만을 바라보고 찬송할 때 하나님의 권능으로 문제가 해결되었던 것입니다.

말씀 읽기 수 6:20-21

3. 은혜를 사모하며 살자.

교회는 인간의 세상적인 사교장이 아닙니다. 영적인 교제의 장이요, 낮은 자리에서 서로 섬기며 세워 주고 봉사하며 하나님께 예배를 드리는 곳입니다. 그러므로 신자가 모여서 찬송하며, 기도하고, 함께 은혜를 사모하는 공동체를 만들어갈 때 그런 교회 공동체는 부흥하게 되어 있습니다.

광야같이 험한 사막 길에서 하나님의 은혜를 사모하는 영혼에게 주님은 좋은 것으로 만족하게 해 주신다고 하셨습니다. 우리 구역원 모두가 한 해 동안 주님의 은혜를 사모하는 해로 만들어 가야 할 것입니다.

말씀 읽기 시 42:1

생각 나누기

01 우리가 하나님께 부르짖어 기도할 이유는 무엇입니까?

02 해결할 수 없는 일을 만났을 때 우리는 왜 찬송해야 합니까?

03 우리가 은혜를 사모하게 될 때 어떤 역사가 일어나게 됩니까?

II

예배와 회복

chapter 7   **예배란 무엇인가?**

chapter 8   **예배의 삶**

chapter 9   **온전한 예배**

chapter 10   **예배의 대상**

chapter 11   **예배와 축제**

chapter 7
예배란 무엇인가?

성경 / 롬 12:1-2(p.256)
찬송 / 278(통336), 500(통258)

> **마음 열기**

서로 다른 교회에 다니는 사람들이 예배당 전면에 있는 십자가에 대해 토론을 벌이고 있었습니다. 십자가를 두는 것이 옳은지, 그른지에 대해 한참 이야기를 나누었습니다. 그때 한 친구가 조용히 듣기만 하는 친구에게 물었습니다.

"근데 니네 교회에는 십자가가 있어 없어?"

"글쎄, 잘 모르겠는걸. 예배당에서 눈을 뜨고 있어 본 적이 별로 없어서."

성경에서 예배란 말은 다양한 용어로 나오는데, 웹스터 사전은 초월자이신 하나님께 경배와 고백과 기도와 감사와 같은 것을 통해 존경과 숭배를 나타내는 마음으로 경의를 표하는 것이라고 했습니다.

영어에서는 워쉽(Worship)이라고 합니다. 이것은 가치를 어떤 대상에게 돌린다는 말로서 하나님께 최상의 가치를 돌려드리는 것을 의미합니다. 그렇다면 예배란 무엇일까요?

1. 하나님께서 인간을 위해서 만드신 선물이다.

예배란 하나님께서 인간이 하나님을 경배하도록 하기 위해서 만든 제도나 예식이라기보다는 하나님께서 인간으로 하여금 인간다운 삶을 살도록 위해서 만들어 주신 하나님의 선물입니다.

그럼에도 불구하고 인간은 불행하게도 하나님께 예배하는 삶을 잃어버리고 죄악된 길을 살아왔습니다. 그러므로 인간이 예수님을 믿어 믿음을 회복하고 잃어버린 예배의 관계를 회복할 때만이 하나님께서 원래 주신 가장 아름답고 축복된 삶을 살 수 있음을 기억해야 합니다. 예배는 하나님께서 인간을 위해서 만들어 주신 선물입니다.

말씀 읽기 ▶ 롬 12:1

2. 예배는 오직 하나님을 위해서 존재한다.

예배가 인간에게 주어진 하나님의 선물이라는 말은 한마디로 하나님께서 예배라는 매체를 통하여 당신과 교제할 수 있는 길을 내어 주셨다는 면에서 그렇게 표현하는 것입니다. 그러나 궁극적으로 이 예배는 하나님을 위해서만 존재되어야 하며, 그럴 때만이 예배는 예배로서의 참된 가치를 지니게 됩니다.

진실로 예배는 하나님 중심이 되어야 합니다. 왜냐하면 예배가 인간 중심이 될 때 그것은 더 이상 예배로서의 가치를 지닐 수 없게 되고, 무속신앙이나 인간 중심의 종교적 모임으로 전락할 수밖에 없기 때문입니다.

말씀 읽기 막 12:29-30

3. 예배는 역동적인 힘이다.

하나님은 온 우주만물을 창조하시고 통치하시는 분으로서 모든 힘의 근원이십니다. 그런데 하나님은 인간에게 당신이 창조하신 땅 위의 모든 것을 다스리는 권세를 허락하시고, 당신의 동역자로 인간을 세우셨습니다.

예배는 만물의 근원이시요, 힘과 능력의 근본이 되시는 하나님으로부터 인간이 능력과 힘을 공급받는 시간입니다. 그러므로 인간은 예배라는 채널을 통해서 하나님과의 관계를 회복하고, 그분이 주시는 은혜를 공급받아 이 험한 세상을 승리하며 나가야 합니다.

말씀 읽기 시 68:33-35

생각 나누기

01 하나님께서 인간을 위해 만드신 선물은 무엇입니까?

02   예배는 오직 누구만을 위해 존재해야 합니까?

03   예배를 간단하게 정의를 내린다면 무엇이라 할 수 있습니까?

chapter 8
예배의 삶

성경 / 마 5:13-16(p.6)
찬송 / 354(통394), 310(통410)

마음 열기

목사님이 교회에 자주 나오지 않는 교인의 집에 심방을 갔습니다. 예배를 다 드리고 일어서서 집을 나오려다가 벽에 걸린 달력의 메모를 보게 되었습니다.
"목사님 심방. 성경 먼지 털 것."

본문은 빛과 소금을 말합니다. 빛은 어두운 곳을 밝히는 기능을, 소금은 부패를 방지하는 기능을 가지고 있습니다. 이처럼 그리스도인들은 세상에서 빛과 소금의 역할을 감당해야 합니다. 이는 삶의 현장에서의 예배 삶에도 동일하게 연결됩니다.

1. 예배를 생활 속에서 실천하는 것이다.

예배는 시간과 공간에 매여 있을 수 없으며, 우리의 삶과 연결되어 있어야 합니다. 매주 교회에서 예배를 드린 예배자는 자신에게 주신 삶의 현장이 하나님께서 허락하신 직업으로 여기며 그곳에서 예배의 삶을 살고, 하나님께 영광을 드리는 삶을 실천하는 것이 필요합니다. 예배가 삶이 되며, 삶이 예배가 되는 예배의 삶이 요구됩니다.

말씀 읽기 약 2:22-26

2. 세상에서 소금이 되는 삶이다.

소금은 고대의 종교 세계에서 인내와 순결과 부패 방지의 상징으로 사용되었습니다. 따라서 소금은 거룩한 제사에서 하나님과의 영원 불변하는 언약에도 연관되어 사용되었습니다(민 18:19).

본문에서 예수님이 말씀하신 소금 이야기는 당시 매우 흔한 이야기이면서도 동시에 중요한 교훈이 있습니다. 만일 소금이 그 맛을 잃으면 버려지는 것처럼 그리스도인들도 세상과 구별되는 그 맛을 잃어버리게 되면 결국 버려져 사람들에게 밟히게 될 뿐이라는 것입니다. 우리는 세상에서의 삶에서 세상을 정화시키는 소금과 같은 기능을 담당해야 할 것입니다.

말씀 읽기 막 9:50

3. 세상에서 빛이 되는 삶이다.

당시 빛은 보편적으로 사용되는 종교적인 상징이다. 성경에서 빛은 어두움, 부정함, 거짓 것에 대립되는 순수함, 진리 등에 사용되었습니다. 빛은 언제나 자신을 드러낼 수밖에 없으며, 어두운 곳에 숨길 수 없는 특징을 가지고 있습니다.

본문에서 '너희'라는 말이 강조됩니다. 이는 예수님만이 아닌 우리 그리스도인들 모두 세상의 빛이라는 의미입니다. 그렇지만 우리 인간에게는 참된 빛이 없습니다. 그렇기 때문에 인간은 세상에 오신 참된 빛이신 예수님을 바라보아야 하며, 그분에게서 빛을 받아서 다른 사람들에게 비취는 빛의 반사체 역할을 수행해야 합니다. 예배적인 삶이란 바로 나의 삶의 현장에서 예수님으로부터 오는 빛의 반사체로서의 삶을 살아가는 것을 의미합니다.

말씀 읽기 엡 5:8-9

생각 나누기

01 우리가 삶 속에서 예배를 드리기 위해서는 어떻게 해야 합니까?

02 세상에서 소금 같은 역할을 하기 위해서 우리가 해야 할 일은 무엇입니까?

03 어떻게 하면 세상에 빛이신 예수님을 비출 수 있을까요?

chapter 9
온전한 예배

성경 / 히 10:23-25(p.364)

찬송 / 204(통379), 450(통376)

마음 열기

주일학교 선생님이 아이들에게 가르치고 있었습니다.
"교회에서 예배드릴 때 왜 조용히 해야 할까요?"
한 어린이가 자신 있게 손을 들었습니다.
"사람들이 자고 있으니까요."

우리가 보통 '예배를 드린다'고 할 때에 '드린다'는 표현은 인격을 가진 상대방과의 만남을 전제로 합니다. 그렇기 때문에 우리가 예배를 드리기 위해 갈 때에 궁극적인 최상의 목적은 살아계신 하나님과의 만남을 통한 교제에 있다고 할 수 있습니다. 하나님과의 만남과 교제가 없을 때에 우리의 예배는 한낱 종교적인 행위에 지나지 않으며, 성도와의 만남도 사회적인 활동에 지나지 않게 됩니다. 그렇다면 온전한 예배를 위해서 어떻게 해야 할까요?

1. 온전한 예배를 위한 기초

우리의 마음에서 감사하는 마음은 예배의 문을 여는 것입니다. 예배자는 자신이 어떠한 형편에 처해 있든지 간에 합력하여 선을 이루시는 하나님을 기억하면서 지난 일주일 간의 나의 모든 삶 속에서 일어난 모든 일에 대해 범사에 감사하는 마음 자세가 있어야 합니다. 우리가 예배드릴 때 불평과 원망의 마음이 있다면 참된 예배를 드릴 수 없습니다. 예배를 위한 기초는 바로 주님을 향한 감사의 회복에서 시작됩니다. 범사에 주님께 감사하는 마음으로 예배에 나와야 합니다.

말씀 읽기 시 100:3-4

2. 온전한 예배를 위한 다리

예배를 위한 다리는 찬양이라고 할 수 있습니다. 감사한 마음으로 예배를 드리며, 찬양을 통해 하나님을 영화롭게 합니다. 거룩한 예배 시간마다 마음속에서 우러나오는 찬송을 통해 하나님을 영화롭게 할 때 하나님은 우리의 예배를 받으실 것입니다. 신자가 예배를 통하여 감사하면서 주님을 뜨겁게 찬양할 때 하나님의 성령님이 우리 안에 충만하심으로 이적을 경험하게 하십니다.

말씀 읽기 사 43:21

3. 온전한 예배를 위한 핵심

예배에서 빼놓을 수 없는 요소 중 하나는 말씀과 성령님입니다. 신자가 목회자의 말씀 선포를 통해 그 말씀이 오늘 나에게 주시는 말씀으로 내 마음에 와서 닿는 역사가 일어나기 위해서는 성령님의 기름 부으심과 운행하심이 함께 해야 합니다. 신자가 예배를 통해서 말씀의 지배를 받고 은혜를 받아 변화되고 새 힘을 얻으며, 성령 충만을 통해서 성령님께 지배되는 삶을 살아갈 때 그 예배는 하나님 앞에 온전히 올려지는 예배가 될 것이고 우리의 삶의 현장을 통해서도 승리하는 예배적인 삶이 될 수 있습니다.

말씀 읽기 ▶ 히 10:23-25

생각 나누기

01 온전한 예배를 위한 기초는 무엇이라 할 수 있습니까?

02 찬양을 통해 하나님께 드릴 수 있는 최선의 섬김은 무엇입니까?

03 온전한 예배를 위해 가장 중요한 요소는 무엇입니까?

chapter **10**
예배의 대상

성경 / 요 4:23-24(p.148)

찬송 / 354(통394), 450(통376)

> **마음 열기**
>
> 백인 동네에 사는 한 흑인 노예는 교회에 가서 예배드리는 것이 소원이었습니다. 그러던 어느 주일 흑인은 목욕을 깨끗이 하고 제일 좋은 옷을 입은 다음 성경과 찬송을 소중히 들고 교회에 들어가려고 하였습니다. 그러나 그가 들어가려고 할 때 백인 사람들은 들어가지 못하게 했고 쫓겨나고 말았습니다. 그가 쫓겨나오면서 대성통곡할 때 예수님으로 보이는 분이 흰옷을 입고 자비로운 모습으로 나타나셨습니다. 그는 반가워서 부르짖었습니다.
> "오! 주님 내가 흑인이라는 이유만으로 주님의 교회에 들어갈 수가 없나요?"
> 주님께서 말씀으로 위로하셨습니다.
> "형제여! 나도 이 교회에는 들어갈 수가 없었다네."

기독교는 유대교에 그 기원을 두고 있고, 유일신 하나님을 고백하는 근본 믿음을 상속받았습니다. 하지만 유대교와 기독교의 유일신관은 그 내용에 있어서 서로 달리합니다. 유대교는 여호와 하나님 한 분만을 섬겼습니다. 하지만 기독교는 한 본체에 세 위격으로 계시는 성부, 성자, 성령의 삼위일체(三位一體)에 기초한 유일신관을 갖고 있으며, 예배의 대상에서도 마찬가지입니다.

그렇다면 예배 속에서의 삼위일체 하나님의 역할을 알아보도록 하겠습니다.

1. 예배를 받으시는 분

우리가 믿는 하나님 아버지를 성부 하나님이라고 부릅니다. 성부하나님은 우리의 예배를 받으시는 분이입니다. 성부께 우리의 예배를 드려야 할 이유는 그분이 거룩하시고(요 17:11), 의로우시며(요 17:25), 자비로우신 아버지(고후 1:3)이시요, 만유의 아버지(엡 4:6)이시기 때문입니다. 그 하나님께서 죄인된 우리를 사랑하셨고, 우리를 위해서 독생자 아들을 보내주셨으며, 그 은혜로 말미암아 우리를 구원하셨고, 당신의 자녀로 삼으셨습니다. 그러니 우리 인간은 하나님 아버지를 예배하기에 부족함이 없어야 하고, 그분께 영광을 돌리는 삶을 살아야 합니다.

말씀 읽기 ▶ 요 4:23-24

2. 예배를 중재하시는 분

하나님은 거룩하시고 의로우신 분이기 때문에 죄인된 우리가 그분 앞에 직접 나아가서 예배할 수 없습니다. 그렇기 때문에 하나님 아버지와 우리 사이에서 중재자의 역할을 하는 분이 계시는데 그분이 바로 성자 예수님이십니다. 예수님은 친히 십자가에 못박혀 죽으심으로 말미암아 우리의 구원과 예배 등 모든 면에서 중재자로 서시기에 부족함이 없으십니다.

말씀 읽기 ▶ 딤전 2:4-6

3. 예배를 도우시는 분

예배는 살아계신 하나님과의 영적인 교통이라는 측면에서 볼 때 예배자는 성령 안에서 영으로 하나님과 교통하여야 합니다. 그러므로 예수님은 사마리아 여인에게 "하나님은 영이시니 신령과 진정으로 예배할지니"(요 4:24)라고 하셨습니다. 그러므로 우리는 성령 안에서(in), 성령의 능력을 힘입어(by), 그리스도를 통해(through) 예배를 드릴 때 하나님께 열납되는 예배를 드릴 수 있습니다. 성령님은 우리의 예배를 더욱 역동적인 예배가 되도록 도우실 뿐만 아니라 우리의 속사람에 변화를 일으켜 우리의 예배가 열납되는 아름다운 예배가 될 수 있게 도우십니다.

말씀 읽기 ▶ 요 14:26

생각 나누기

01 우리가 성부 하나님께 예배를 드려야 할 이유는 무엇입니까?

02 하나님께 드리는 우리의 예배를 중재하시는 분은 누구십니까?

03 우리가 누구를 힘입어 하나님께 열납되는 예배를 드릴 수 있습니까?

chapter **11**

예배와 축제

성경 / 대하 5:12-14(p.661)

찬송 / 304(통404), 386(통439)

> **마음 열기**

돼지를 사육하는 농부가 오랜만에 동네 교회에 출석하였습니다. 그는 돼지를 칠 때 입는 옷을 그대로 입고 교회로 갔는데, 농부 몸에서는 돼지의 오물 냄새가 진동했습니다. 지독한 냄새로 인해 모든 교인이 얼굴을 찡그렸고, 일부 교인들은 예배 중 일어서서 자리를 옮기거나 아예 예배당을 나가 버렸습니다.
예배가 끝난 후 목사님이 농부에게 조심스럽게 말했다.
"형제님, 다음 주에 교회 오실 때는 어떠한 복장이 어떨지는지 하나님께 기도해 보고 오세요."
교회에 깨끗한 옷을 입고 와야 할 이유 중 하나는 예배는 축제이기 때문입니다. 축제의 분위기를 돋우기 위해서 옷매무새를 단정히 해야 합니다. 하나님 앞에 서서 예배드리는 자가 갖추어야 할 경건한 신앙자세의 외적인 표현이기 때문입니다.

오늘 본문은 솔로몬 성전을 헌당하고, 그 안에 필요한 모든 그릇을 만든 후에 하나님께 성전 봉헌 제사를 드리는 모습입니다. 그때의 제사의 모든 의식은 거룩한 예배요, 축제며, 하나님 은혜에 대한 감사와 감격의 표현이었습니다. 오늘날에도 하나님 앞에 드리는 거룩한 예배는 의식적인 예배만이 아니라 축제의 예배가 되어야 합니다. 그렇다면 축제의 예배가 되기 위해서는 어떻게 해야 할까요?

1. 분위기가 중요하다.

축제에는 분위기가 중요합니다. 결혼을 해도 그 결혼에 걸맞게 아름다운 분위기를 만들어 멋진 결혼식을 거행하는 것처럼, 교회의 예배와 함께 구역 예배 역시 축제의 예배가 되기 위해 알맞은 분위기를 만들어 예배를 드려야 합니다.

미국에서 어떤 한국 사람이 미국 사람들의 구역 모임에 참석한 후에 감격하였습니다. 그들은 한국 형제가 참여한다는 소식을 듣고 그날 구역 예배 때에 벽에다가 성조기와 함께 태극기를 걸어놓고 환영의 분위기를 만들고 준비를 했습니다.

말씀 읽기 ▶ 대하 5:1-14

2. 음악이 중요하다.

축제에는 항상 음악이 따라오게 되어 있습니다. 세상의 축제에서 사용하는 음악은 사람의 구미를 맞추려는 것이지만, 교회에서의 음악은 그 초점이 하나님께 영광이 되어야 하며, 더 나아가서 모인 회중들에게도 기쁨과 즐거움을 주고, 새 힘이 나게 하는 그런 음악들을 준비하는 것이 좋습니다. 그날의 음악은 항상 그날의 메시지와 연관되어 준비하는 것이 좋겠습니다.

3. 메시지가 중요하다.

결혼식에도 그날 결혼을 축하하는 주례가 있고, 각종 축제나 모임에는 반드시 그날에 필요한 메시지가 있는 법입니다. 교회에서의 예배나 구역 예배 역시 축제라고 해서 노래하고 친교하는 것으로 끝나서는 안 되며, 그날 예배시간에 하나님께서 회중에게 말씀하시는 메시지가 중요합니다. 그러므로 메시지를 준비하는 사람은 최선을 다하여 기도하며 준비해서 참석하는 회중들이 말씀을 듣고 새로운 각오와 헌신을 결심하고, 지치고 피곤하여 낙심된 심령이 용기를 얻어서 말씀의 능력을 체험하게 해야 합니다.

말씀 읽기 히 4:12

4. 참여자가 중요하다.

축제에서 주인공이 빛나기 위해서는 참여자들도 준비를 잘해야 합니다. 결혼식이나 각종 축제에 참여하는 사람들은 깨끗한 옷을 입고 여러 가지 준비를 하여 참여합니다.

교회의 예배에서 주인공은 우리 주님이십니다. 그런데 이 예배가 축제 예배로 성공되기 위해서는 여기에 참여하는 회중들의 준비도 매우 중요합니다. 준비된 예배에 준비된 은혜와 축복이 오게 되어있음은 자명한 일입니다.

생각 나누기

01 예배 분위기를 위해 특별히 준비해야 할 부분은 어떤 것이라 생각하십니까?

02 오늘 본문 역대하 5:1-14에 나오는 축제 음악의 모습은 어떤지 함께 이야기해 봅시다.

03 예배 참여자로서 우리가 준비를 해야 할 사항은 무엇입니까?

전도와 방법

chapter 12　전도 대상자 확보

chapter 13　호명 기도

chapter 14　복음 제시

chapter 15　성령님의 도우심

chapter 16　전도와 후속 조치

chapter 12
전도 대상자 확보

성경 / 벧전 1:7-9(p.377)
찬송 / 240(통231), 500(통258)

마음 열기

한 노인이 대학을 찾아 라틴어 강좌를 듣고 싶다고 하였습니다. 그는 노인에게 물었습니다. "지금 연세가 어떻게 되십니까?" "아흔셋입니다." "그 나이에 라틴어를 배우시려는 이유가 뭡니까?" "글쎄요, 이 세상에 살아 있을 날도 많이 남지 않았다는 생각이 드는데, 혹 천국에 가게 된다면 하나님이나 천사들이 사용하는 말로 대화를 할 수 있었으면 해서요. 라틴어를 좀 알면 편할 것 같아요." 사무처장은 잠시 생각하더니 노인에게 물었습니다. "하지만 천국이 아니라 딴 데로 가시게 되면 어쩌죠?" "그건 걱정할 것 없어요. 영어는 이미 잘하고 있으니까요."

교회를 다니면서도 구원의 확신이 없는 사람이 많다고 합니다. 뿐만아니라 불신 세상에는 아직도 전도 받아야 할 불신 영혼들이 너무도 많이 있습니다. 전도 생활의 기초는 수많은 불신 영혼들 중에서 전도할 대상자를 먼저 확보하는 일입니다. 전도 대상자를 먼저 확보한 후에 그들을 집중적으로 전도할 때에 불신 영혼도 구원받는 영혼이 될 수 있습니다.
 그렇다면, 전도 대상자를 어떻게 확보할 수 있을까요?

1. 예비 대상자를 물색하라.

과거에는 길거리에 서서 "예수 천당! 불신 지옥!"하면서 외치고 다니기만 해도 사람들이 그 소리를 듣고 회개하고 예수님을 믿는 시대가 있었습니다. 그렇지만 사회가 발달하면서부터는 무턱대고 아무 곳에서나 "예수천당! 불신지옥!"한다고 해서 사람들이 귀를 기울이고 예수를 믿지 않습니다. 오히려 그렇게 전도하는 사람을 향해 손가락질을 합니다.
 그렇기 때문에 현대의 전도는 관계전도를 통해 전도를 해야 효과를 얻을 수 있다고 합니다. 나와 관련이 있는 사람 중에서 전도 예비 대상자를 마음속에 먼저 생각하는 것이 전도 대상자 확보를 하는 기본 원칙입니다. 그 사람이 꼭 예수님을 믿어 영혼의 구원을 받게 되기를 바라는 마음으로 전도 대상자를 물색해야 합니다.

말씀 읽기 ▶ 벧전 1:9

2. 대상자를 위해 기도하라.

전도자가 전도 대상자를 확보했으면, 전도의 대상자가 꼭 예수님을 믿고 영접하기를 원하는 마음으로 그를 위해서 기도하는 일을 시작해야 합니다. 새벽 기도를 비롯하여 시간을 정해서 기도할 때 복음을 받아들이도록 하나님께서 도우실 것입니다. 기도는 사람의 영혼을 움직이며, 구원의 새 역사가 일어나게 만듭니다.

말씀 읽기 삼상 12:23

3. 전도 수첩에 메모하라.

전도자는 전도 예비 대상자가 확보되고, 위해서 기도하기를 시작해야 하는데, 그 첫 번째 할 일은 전도 수첩을 만들어서 전도 대상자의 이름을 기록하는 것입니다. 전도 수첩에는 전도 대상자의 이름과 연락처를 기록할 뿐만 아니라 기도하기를 시작한 날을 기록해야 합니다. 그리고 나중에 기도 응답이 이루어져서 교회에 나오게 되면 교회에 나온 날짜를 기록하고, 아울러서 전도된 사람으로 표시를 해 두면 훗날 전도 수첩을 통해서 큰 은혜를 받게 됩니다. 그리고 이 자료는 계속해서 기도하게 되는 근거가 되고, 전도 후에 또 다른 후속 조치를 취하는 데 도움을 받을 수 있게 됩니다.

생각 나누기

01 당신이 기도하고 있는 전도 대상자가 있습니까?

02 전도 대상자를 위한 당신의 기도를 기록해 보십시오.

03 전도를 위해 전도 수첩을 어떻게 사용할 수 있을까요?

chapter 13
호명 기도

성경 / 롬 10:8-10(p.253)
찬송 / 361(통480), 539(통483)

> **마음 열기**

어떤 장로님 부부가 이웃을 전도하려고 그 사람의 영혼 구원을 위해서 이름을 불러 가면서 날마다 기도했습니다. 그러던 어느 날 미국으로 이민을 갔고, 그 후에도 계속해서 그들을 위해서 기도했습니다. 7년이 지난 어느 날 장로님 부부는 그 사람들의 방문을 받고는 뛸 듯이 기뻐했고, 큰 은혜를 받았습니다. 지금까지 기도해왔던 그들이 예수를 믿고 성령 충만하여 은혜의 사람으로 변화되었던 것입니다. 그들은 장로님 부부를 방문한 후에 그동안 더 빨리 예수 믿지 못한 것을 후회하며 은혜의 대화를 나누었습니다.

인간은 영물인지라 그 사람을 위해서 집중적으로 기도한다면 그 영혼이 느껴 알게 됩니다. 우리가 이웃의 불신 영혼을 위해서 기도하면 성령님께서 기도하는 대상자의 마음을 움직여 예수를 영접하도록 도울 것입니다. 그러므로 전도자는 전도 대상자를 위해서 기도하는 것이 필요합니다. 호명 기도는 인간 영혼의 마음을 움직여 여는 능력이 있습니다.

그렇다면 어떻게 호명 기도를 할 수 있을까요?

1. 이름을 불러 가면서 기도하라.

호명 기도의 제일 원리는 날마다 전도 대상자의 이름을 불러 가면서 기도하는 것입니다. 그 사람의 영혼을 불쌍히 여기는 마음을 가지고 날마다 기도하면 그 대상자는 결국 교회로 나오는 날이 오게 될 것입니다. 전도자의 믿음의 기도는 능력이 있습니다. 영혼을 구원하는 능력이 있습니다. 전도자의 기도는 구원의 열매를 맺고야 맙니다.

말씀 읽기 ▶ 행 2:42, 47

2. 예수를 입으로 시인하도록 기도하라.

전도자가 전도 대상자를 위해서 기도할 때에 그 사람이 입으로 예수를 시인할 수 있도록 기도하는 것이 중요합니다. 입으로 예수를 고백하면 구원의 역사가 일어나기 때문입니다. 성경은 마음으로 믿어 입으로 예수를 시인할 때에 구원에 이른다고 하였습니다.

말씀 읽기 ▶ 롬 10:9-10

3. 마음의 문이 열리게 해 달라고 기도하라.

전도자가 대상자를 위해서 이름을 불러 가면서 호명 기도를 하면, 성령님이 전도 대상자의 마음을 열어 주실 것입니다. 때때로 어떤 사람은 마음이 강퍅하여 도저히 예수를 믿을 것 같아 보이지 않기도 합니다. 하지만 성령님이 감동을 주시면 강퍅한 마음도 눈 녹듯이 스르르 녹아내리고 마음을 열어 예수님을 구세주로 영접하는 놀라운 축복이 있습니다.

말씀 읽기 골 4:2-3

생각 나누기

01　전도 대상자의 이름을 부르며 기도할 때 어떤 역사가 있습니까?

02　각자가 이름을 불러 기도할 대상자를 찾아 말해 봅시다.

03　전도 대상자의 이름을 부르며 기도할 때 성령님이 역사하시는 큰 은혜는 무엇일까요?

chapter **14**

복음 제시

성경 / 막 16:15-16(p.85)

찬송 / 292(통415), 405(통458)

> **마음 열기**

이동통신사에서 근무하는 박 집사의 남편은 아무리 전도를 해도 예수를 믿지 않았습니다. 그러나 그는 주일마다 어김없이 아내를 차로 교회에 데려다주고, 데리러 왔습니다. 어느 주일 예배 후 박 집사가 걱정스런 얼굴을 하고 차에 타는 것을 보고 남편이 물었습니다.

"교회 갔다 오는 사람 얼굴이 왜 그래?"

"목사님 설교 말씀에 이제 곧 종말이 온대요. 근데 당신이 안 믿어서……."

남편은 아무렇지도 않은 듯 한마디를 내뱉었습니다.

"오면 문자 보내! 그때 얼른 가지 뭐!"

아무리 오랫동안 교회를 다닌다고 할지라도 복음을 제대로 이해하지 못하면 인간적인 생각으로 교회를 나오게 됩니다. 어떤 사람은 교회에 나온 지 3년이 지났는데도 구원의 확신이 없고, 매주 습관적으로 교회를 출석하기도 합니다. 그렇지만 처음부터 복음을 제시하여 구원 영접을 하게 되면 확실한 믿음의 바탕 위에 서게 됩니다. 따라서 전도자는 처음부터 전도 대상자에게 복음을 제시하여 구원 영접을 시켜야 합니다.

그렇다면 우리는 어떻게 복음을 제시할 기회를 만들 수 있을까요?

1. 매주 한 번 이상씩 방문하라.

어떤 사람은 매년 평균 40-50명 정도의 전도를 한다고 합니다. 그래서 그 비결을 물었더니, 아주 간단하다고 했습니다. 먼저 전도 대상자 수첩을 만들고 기도하면서 전도하면 좋을 전도 대상자를 물색하여 수첩에 이름을 기록합니다. 그리고 날마다 이름을 불러 가면서 기도를 하고, 최소한 일주일에 한 차례 이상씩을 방문하여 전도를 한다고 했습니다. 그러다 보면 한꺼번에 전도되지는 않지만 그 사람들 중에서 한 사람씩 교회에 나오는 사람이 나타나게 된다는 것입니다.

말씀 읽기 ▶ 마 5:10-12

2. 그 사람에게 필요한 도움을 찾아보라.

전도 대상자가 예수를 영접하여 교회에 나오도록 하기 위해서는 어떻게 해서든지 그 사람이 마음의 문을 열고 복음을 받아들이도록 하는 일이 급선무인데, 처음 만난 사람이 낯선 전도자에게 마음의 문을 열어 주는 것은 쉬운 일이 아닙니다. 그렇지만 매주 한 차례씩 방문을 하다 보면 자연스럽게 가까워질 수 있고, 그 가운데 필요한 도움을 찾아 돕다 보면 어느 순간 전도 대상자의 마음의 문이 열리게 됩니다. 어떤 사람은 맞벌이 하는 부부 집에 전도를 위해 김치를 한 번씩 해다 주었는데, 그것이 계기가 되어 자연스럽게 친분이 쌓이게 되어 교회에 나오게 된 경우도 있습니다.

말씀 읽기 ▶ 골 4:2-3

3. 복음을 제시할 적절한 기회를 만들라.

매주 한 번씩 방문하면서 그 사람에게 다가가다 보면 자연스럽게 복음을 전할 기회가 오게 됩니다. 이런저런 상황 속에서 환경에만 휩쓸리지 말고 복음 전할 기회가 주어질 때 자연스럽게 복음을 전하는 지혜가 필요합니다.

전도는 저절로 되어지는 것이 아닙니다. 복음의 생명을 전달하기에 새 생명을 잉태하고 낳는 수고가 따르게 됩니다.

말씀 읽기 ▶ 고전 4:14-15

4. 영접 기도를 시키라.

전도 대상자가 복음을 듣고 예수를 믿겠다고 고백하면, 그에게 구원을 영접시키는 절차가 필요합니다. 이를 위해 전도용 소책자 등을 항상 가지고 다니면 좋을 것입니다.

생각 나누기

01 전도 대상자를 규칙적으로 방문하기 위해서는 무엇을 해야 할까요?

02 전도 대상자에게 필요한 도움을 어떻게 찾을 수 있을까요?

03 복음을 제시할 가장 적절한 기회는 언제일까요?

chapter 15
성령님의 도우심

성경 / 빌 1:18-19(p.318)
찬송 / 546(통399), 549(통431)

마음 열기

머리를 빡빡 깎고 다니는 목사님이 산에 올라가 기도를 하고 있었습니다. 그날 불교도인 동네 주민이 산에 올라왔다가 스님이 기도를 하는 줄 알고 말했습니다.
"스님, 스님, 제 신수 좀 봐 주세요."
목사님은 황당했지만, 순간 성령님께서 지혜를 주셨습니다. 얼굴의 관상을 본 후에 또다시 손을 내밀라 하여 손금을 보았습니다. 그리고는 불자님은 아무래도 교회를 다녀야 복을 받을 것 같다고 전도를 했다 합니다. 성령님이 도우시면 전도의 지혜가 생깁니다.

전도는 내가 하는 것처럼 보일지라도 실상 그 배후에서 역사하시는 성령님의 도우심이 중요합니다. 성령님이 사람의 마음 문을 열어 주시면 강퍅한 영혼도 쉽게 문을 열고 복음을 받아들이지만, 그렇지 않은 경우에는 겉보기에 금방 믿을 것 같은 사람도 계속해서 신앙 생활을 미루게 됩니다.

오늘 본문에서 바울은 자신이 감옥에서 풀려나올 것에 대해 '구원'이란 말을 사용하고 있습니다. 또 하나 그는 자신의 구원을 이루게 하는 두 가지 수단이 빌립보 교인들의 기도와 성령님의 도우심이라고 말함으로 성령님의 도우심이 전도의 역사를 이룬다는 것을 밝힙니다.

그렇다면 성령님의 도우심을 어떻게 구해야 할까요?

1. 나의 부족함을 고백하라.

전도자는 항상 성령님 앞에서 자신의 무능함과 연약함을 고백하며 성령님의 도우심을 구해야 합니다. 불신 영혼을 전도하여 구원하는 데 있어서 나는 무능하며 성령님이 도와주셔야 가능함을 고백해야 합니다. 사실 전도자가 전도 대상자에 비해 세상적으로는 더 연약하고 부족한 인격과 환경을 가질 수도 있습니다. 그렇지만 성령님이 도우시면 세상의 모든 것을 초월하여 영혼 구원의 역사를 이룰 수 있습니다. 이를 이미 알고 계신 예수님은 제자들을 향해 전도자로서의 삶을 위한 성령님의 도우심을 말씀하셨습니다.

말씀 읽기 ▶ 행 1:7-8

2. 불신 영혼을 위해서 기도하라.

우리의 전도 대상자는 세상적으로 전도하는 우리보다 훨씬 우월할 수도 있으며, 인격적으로도 흠잡을 데가 없을 수도 있어서 때로는 믿는 우리가 전도하기에 의기소침해질 수도 있습니다. 하지만 세상적인 것은 아무리 화려하다고 할지라도 그 영혼은 구원받지 않으면 안 될 불쌍한 영혼입니다. 그렇기 때문에 전도자가 전도 대상자를 놓고 기도할 때마다 그 영혼을 불쌍히 여겨 달라고 주님께 간구하는 것이 필요합니다.

말씀 읽기 마 9:27-31

3. 성령님의 도우심을 위해 기도하라.

어떤 사람이 예수님을 믿는다고 부모님의 심한 핍박을 받았습니다. 그렇지만 그럴 때마다 부모님의 영혼이 불쌍히 여겨졌습니다. 그래서 성령님께 부모님의 닫힌 마음의 문을 열어 달라고 기도하였고, 결국 마음이 열려 교회에 나오게 되었다고 합니다.

또 다른 어떤 여집사님은 남편이 교회에 나오지 않았지만, 한 번도 교회에 가자는 말을 하지 않았습니다. 대신에 남편에게 더 잘하면서 새벽마다 교회에 나가 성령님께서 남편의 마음을 녹여 달라고 기도했습니다. 그러던 어느 주일날 남편이 먼저 당신이 나가는 교회에 나도 가면 안 되냐고 물었습니다. 마음속으로는 기뻤지만 내색하지 않고 "교회는 나 혼자 가도 되는데"라고 하였습니다. 그러면서 당신이 꼭 원하면 함께 가자고 하였습니다. 그 주일부터 남편은 교회에 나오게 되어 교회의 큰 일꾼이 되었습니다. 아내가 기도할 때에 성령님이 남편의 마음 문을 열어 주신 것입니다.

말씀 읽기 고전 12:1-3

생각 나누기

01 전도에 앞서 나의 부족함을 놓고 기도해야 하는 이유는 무엇입니까?

02 성령님의 도우심을 통해서 전도한 경험이 있으십니까?

03 당신이 위해서 기도하는 불신의 영혼은 누구입니까?

chapter 16
전도와 후속 조치

성경 / 몬 1:4-7(p.351)

찬송 / 523(통262), 438(통495)

> **마음 열기**
>
> 큰 교회의 목사님이 토요일 오후 두 시에 결혼 예배 주례를 맡게 되었습니다. 그런데 갑자기 교인 중 한 분이 소천하여 결혼식 아침 일찍 장례 예배를 드리고, 장지까지 가서 하관 예배를 마치고 올라왔습니다. 목사님은 쉴 겨를도 없이 양복과 넥타이를 급히 갈아입고, 결혼 예배를 인도하게 되었습니다.
>
> "예, 지금부터 고 ○○○ 군과 고 □□□ 양의 결혼 예배를 드리겠습니다."
>
> "신랑 입장!"

무슨 일이든지 그 일이 끝난 후에는 그에 필요한 후속 조치가 중요합니다. 자칫 실수하여 후속 조치가 미진할 때에는 본의 아니게 큰 실수를 하게 되는 수도 있을 수 있기 때문입니다.

전도에 있어서도 진행하는 과정도 중요하지만, 전도 대상자가 회심하여 교회에 나온 후에 그에 따르는 후속 조치가 필요합니다.

좋은 후속 조치는 그 열매를 오랫동안 보존할 수 있고, 더 나아가서 재생산을 이르게 할 수도 있지만, 후속 조치가 미진한 경우에는 어렵게 전도한 후 쉽게 잃어버릴 수도 있기 때문입니다.

그렇다면 전도 후속 조치는 어떻게 해야 할까요?

1. 계속해서 위해 기도하라.

전도를 한 후에 그 사람의 영혼을 위해서 항상 기도할 이유는 아직도 처음 새신자는 신앙의 뿌리가 미약하여 언제 어떻게 쉽게 낙심할지 모르기 때문입니다. 주님께서 그 영혼을 강하게 붙들어 주시도록 위해서 기도할 때에 새신자가 든든히 설 수 있게 됩니다. 주님께서 붙들어 주시면 연약한 사람도 능히 보존된다는 것이 성경의 진리입니다.

말씀 읽기 요 10:28-29

2. 매주 한 번씩 심방하라.

전도의 후속 조치 중에 가장 중요한 사역 중에 하나는 당분간 새로 믿기로 한 사람이 신앙의 홀로서기를 할 때까지 최소 매주 한 번 이상씩 심방을 하는 일입니다. 전화로 연락을 하든지, 아니면 직접 찾아가는지 심방하고 또 심방해야 합니다. 새신자가 교회에 온 경우 그 사람이 스스로 홀로 서기할 때까지 돌봄의 사역을 계속해야 그 열매를 보존할 수 있습니다.

말씀 읽기 ▶ 눅 11:33-36

3. 새신자반에 들어 가게 하라.

처음 교회에 온 사람을 믿음 안에 굳건히 세우는 가장 확실한 방법은 그 사람에게 하나님의 말씀을 공부할 수 있도록 돕는 것입니다. 대부분의 경우 교회에는 새신자반이 설치되어 있어서 처음 교회에 나온 사람들의 신앙을 세우는 데 도움을 주고 있습니다. 그러므로 전도자는 처음 교회에 나온 사람에게 새신자반에 들어가서 공부할 수 있도록 권면하며, 시간적으로 여의치 않은 경우는 직접 집으로 찾아가서 일대일 양육을 하는 것도 좋은 방법이 될 것입니다.

말씀 읽기 ▶ 행 20:31-32

4. 좋은 친구를 사귀게 하라.

통계에 의하면, 처음 교회에 나온 사람이 6개월 이내에 6명 이상의 친구를 사귀게 되면 교회에 정착할 확률이 약 90% 이상이 된다고 합니다. 하지만 새신자를 그대로 방치하면 1년 이후에 정착할 확률은 겨우 10-30% 이내로 낮아지고 만다고 합니다. 그러므로 교회에서 처음 믿은 사람에게 좋은 친구를 사귀도록 돕는 것은 대단히 중요합니다.

전도자는 새신자가 새신자반이나, 구역, 각종 선교회 등에서 좋은 친구를 만날 수 있게 하고, 위해서 기도할 수 있도록 힘써야 교회에서의 정착률을 높일 수가 있게 됩니다.

생각 나누기

01 전도 이후에도 계속 기도해야 할 이유는 무엇입니까?

02 전도 이후 신앙의 홀로서기를 하기까지 우리가 해야 할 수고는 무엇일까요?

03 새신자가 교회에서 다른 사람과 관계를 맺게 하는 좋은 방법은 무엇일까요?

IV

기도와 능력

chapter 17 축복의 통로가 되는 기도

chapter 18 만사를 변화시키는 기도

chapter 19 옥문을 여는 능력의 기도

chapter 20 여리고성을 무너뜨리는 기도

chapter 21 기도와 성령 충만

chapter 17
축복의 통로가 되는 기도

성경 / 요 15:16(p.174)
찬송 / 539(통483), 365(통484)

> **마음 열기**
>
> 자기 전에 침대에서 무릎 꿇고 기도를 드리고 자는 사람이 있었습니다. 그날은 아내가 먼저 침대에 누웠는데, 늦은 시간까지 업무가 많아 새벽이나 되어 잠자리에 들게 되었습니다. 쓰러지기 일보 직전 침대에 올라가서 기도를 시작했습니다.
> "하나님 오늘도 감사합니다. 건강을 주시고, 제 가정에 축복의 통로를 열어 주시옵소서!"
> 피곤하였지만, 그는 잠자리에서도 기도를 통해 하나님과 교통하고 있었던 것입니다. 기도는 축복의 통로입니다.

기도는 신자에게 아무리 강조해도 지나침이 없습니다. 기도를 통해서 신자는 자기의 문제를 해결하고, 하나님과의 아름다운 관계를 맺어갈 수 있습니다. 그러므로 기도라는 귀중한 무기를 신자는 항상 활용하여 영적인 축복을 누리면서 살아가야 할 것입니다. 교회 부흥, 구역 화목, 가정의 축복 등 기도를 통해서 신자는 귀중한 열매들을 맺어 갈 수 있습니다.

오늘 본문에서 예수님은 포도나무의 열매를 말씀하시면서 기도의 축복을 귀중한 교훈으로 주셨습니다. 그렇다면 기도가 주는 축복의 통로는 무엇일까요?

1. 기도는 응답의 축복이 있다.

기도자에 대한 주님의 약속은 기도는 반드시 응답을 받게 된다는 것입니다. 우리가 믿는 하나님은 신실하신 분입니다. 그렇기 때문에 하나님은 약속하신 바를 반드시 지키십니다. 때때로 사람은 그 자체가 부족하여 상황과 환경에 따라 약속이 변질될 수도 있습니다. 하지만 하나님은 한 번 말씀하신 것은 반드시 이루십니다. 기도는 하나님의 약속입니다. 그러므로 신자는 언제든지 그 약속을 믿고 기도할 때 응답의 축복이 온다는 확신으로 나가야 합니다.

말씀 읽기 요 15:7

2. 기도는 택함받은 자의 특권을 경험하게 한다.

우리의 믿음이 나 자신의 선택에 의한 것처럼 보일지라도 성경은 그 믿음은 하나님의 택하심 때문이라고 말씀합니다. 특별히 성경은 하나님으로부터 택함받은 자들이 기도 응답의 특권을 갖고 있다고 설명합니다. 하나님은 불신자들이 제아무리 외쳐도 응답하지 않으시지만 하나님의 택함을 받은 자녀들이 기도할 때에는 이와 달리 반드시 응답하신다고 약속하셨습니다. 그러므로 택함을 받아 예수님을 믿게 된 신자는 기도할 때 기도의 특권을 경험하는 놀라운 역사를 체험하게 될 것입니다.

말씀 읽기 요 15:16

3. 기도는 문제 해결의 축복을 제공한다.

우리가 사는 세상은 원수 마귀가 공중권세를 잡고 있어서 온갖 문제를 야기하는 곳입니다. 그러므로 택함을 받은 하나님의 백성이라고 할지라도 고통과 어려움이 생길 수 있고, 각종 어려움과 문제가 일어날 수 있습니다. 이럴 때 우리에게 생기는 문제를 어떻게 해결해야 할까요? 하나님은 전능하신 분이기 때문에 우리가 기도하면 우리 앞에 놓인 문제를 해결해 주실 수 있습니다. 하나님은 사랑하는 성도의 기도에 귀를 기울이고 계십니다.

말씀 읽기 요 16:23-24

생각 나누기

01 우리는 어떻게 하나님께 기도한 것을 응답받을 수 있다고 확신할 수 있습니까?

02 하나님께 택함받은 자의 특권은 무엇입니까?

03 우리가 고난 중에도 소망을 가질 수 있는 이유는 무엇입니까?

chapter 18
만사를 변화시키는 기도

성경 / 눅 18:1-8(p.126)
찬송 / 365(통484), 361(통480)

> **마음 열기**
>
> 한 집사가 전화를 걸어 목사님께 기도 부탁을 하였습니다
> "목사님 이번 일은 꼭 해결되어야 해요. 기도하실 때 찐하게 기도해 주세요."
> 목사님은 전화를 받으면서, 그렇다면 이제까지는 기도를 묽게 했나 하는 생각이 들어 집사에게 물었습니다.
> "집사님, 어떻게 하는 게 찐하게 하는 거예요?"
> "목사님, 그건 있잖아요, 쎄게 기도하는 거예요."
> "집사님, 어떻게 하는 것이 쎄게 하는 기도인데요?"
> "아이, 아무튼요. 목사님 이번에는 기도를 찐하게, 쎄게 해 주세요."

우리가 기도한 후에도 낙망이 오는 경우가 있습니다. 그런 경우의 대부분은 기도를 오랫동안 해왔지만, 기도 응답이 더디게 진행되기 때문입니다. 그러나 신자는 기도 후에 낙망하지 말아야 합니다. 낙망은 우리의 신앙을 병들게 하고 기도 응답을 방해합니다.

예수님은 기도한 후에 낙망치 말 것을 가르치시기 위해 오늘 본문을 비유로 가르치셨습니다. 우리 신자들은 응답받는 기도를 위해 어떻게 해야 할까요?

1. 낙망치 말고 기도하라.

본문 1절에서 '낙망'이라는 말은 헬라어로 '엥카케인'이라는 말인데, 이는 실망하고 좌절해 있는 모습을 가리킵니다. 신자가 기도하면서 기도 응답이 더디다고 생각하여 실망하고 좌절해 있다면 어떻게 기도 응답을 기대할 수가 있겠습니까? 응답받는 기도의 주인공은 어떤 환경 앞에서도 좌절하지 않고, 기도 응답을 확신하며, 기도에 전심전력하는 사람들입니다.

말씀 읽기 ▶ 고후 4:7-10

2. 응답받기까지 매달리라.

기도 응답의 또 하나의 자세는 기도 응답이 이루어질 때까지 매달려 기도하는 것입니다. 한 번 기도를 시작했으면 멈춰서는 안 됩니다. 몇 번 기도를 해보다가 기도 응답이 오지 않는다고 쉽게 낙심하여 기도를 포기해서는 안 됩니다.

기도는 만사를 변화시키는 능력이 있습니다. 예수님은 기도 응답이 이루어질 때까지 낙심하지 말고 기도를 계속하라고 오늘 한

과부의 이야기를 들려주신 것입니다.

말씀 읽기 눅 18:5-7

3. 믿음을 보여 드리라.

기도자는 기도할 때에 낙심이나 절망하지 않고 기도하되, 기도 응답이 속히 이루어질 것을 믿고 기도해야 합니다. 그리고 더 나아가서 내가 기도하는 것은 반드시 이루어진다는 확고한 믿음을 간직하고 기도에 임해야 합니다.

오늘 본문 8절에서 예수님이 염려하신 것도 주님이 재림하여 오실 때에 세상에서 믿음을 찾기 힘들 것이라는 사실 때문입니다. 이 말은 종말이 가까워질수록 사람들이 믿음이 식어지며, 기도가 연약해지리라는 걸 의미합니다. 우리 신자들이 기억할 것은 믿음의 기도는 반드시 이루어진다는 사실입니다.

말씀 읽기 눅 21:22

생각 나누기

01 우리가 낙심하지 말고 기도하기 위해서는 어떻게 해야 합니까?

02 　우리는 어느 때까지 기도해야 합니까?

03 　종말이 가까워질수록 사람들의 무엇이 약해진다고 했습니까?

chapter 19
옥문을 여는 능력의 기도

성경 / 행 12:1-5(p.207)

찬송 / 539(통483), 365(통484)

마음 열기

오십 정도 되어 보이는 한 남자가 얼마 전에 세상을 뜬 아내의 묘를 찾아 울면서 말했습니다.

"흐흐흑, 여보! 왜 당신만 먼저 갔소. 정말이지 당신이 몹시 보고 싶구려. 하나님, 제 아내를 딱 한 번만이라도 볼 수 있게 해주세요?" 그때였습니다. 갑자기 땅이 흔들리며, 무덤 꼭대기가 들썩거리는 것이 아닙니까! 순간 너무 깜짝 놀란 그 남자는 혼비백산 줄행랑을 치며 비명을 질렀습니다. "으악 하나님, 농담 한 번 해 본 건데 왜 그러세요? 농담도 못 하나요?"

오늘 본문에 보면 베드로 사도가 복음을 전하다가 옥에 갇히는 사건이 나옵니다. 이미 야고보는 순교를 한 상황이기 때문에 베드로 역시 언제 죽을지 모르는 절체절명의 순간이었습니다.

성경에서 '옥'은 영적으로는 우리들의 앞에 놓여 있는 문제의 감옥입니다. 우리를 꼼짝 못 하게 만들고 있는 우리 앞에 놓여 있는 문제들을 우리는 어떻게 해결할 수 있을까요?

초대교회의 모습을 살펴봄으로 우리의 문제를 해결하도록 해 봅시다.

1. 기도는 옥문을 여는 능력이 있다.

베드로가 옥에 갇힌 것은 그에게 어떤 죄가 있기 때문이 아니었습니다. 단지 예수님을 믿는다는 이유 때문에 옥에 갇혔습니다. 그때의 그 옥은 헤롯 아그립바 1세의 감옥이었습니다. 그는 당시 유대인들의 환심을 사기 위해서 기독교도들을 핍박했던 인물이었습니다.

초대교회 성도들은 당시 교회의 지도자 베드로가 옥에 갇혀 언제 순교를 당할지 모르는 상황에서 하나님께 매달려 간절히 기도하였고, 기도 응답으로 옥문이 열리는 기적이 일어났던 것입니다. 우리는 여기서 간절한 기도는 옥문을 여는 능력이 있음을 발견하게 됩니다. 그러므로 우리 앞에 어떤 문제가 있을 때마다 주님께 간절히 기도하여 문제의 옥문이 열리는 기적의 주인공이 되어야 할 것입니다.

말씀 읽기 ▶ 행 12:5

2. 기도는 천군과 천사를 동원한다.

베드로는 감옥에서 두 쇠사슬에 매여 있었고, 그가 갇혀 있던 감옥은 군사 16명이 4명씩 한 조가 되어서 밤을 새워 가면서 옥을 지키기 위해서 보초를 서고 있었습니다. 그런 상황으로 보아 누군가의 도움 없이 정상적인 방법으로 감옥을 빠져나온다는 것은 불가능한 일임을 알 수 있습니다.

그럼에도 불구하고 하나님은 초대교회 성도들의 간절한 기도를 들으시고, 하늘의 천사를 보내셔서 감옥을 나올 수 있도록 하셨습니다. 베드로의 손과 발에 채워져 있던 쇠사슬이 풀렸고, 옥문이 저절로 열렸으며, 첫 번째와 두 번째 파수꾼을 지나 성문에 도착하니 성문 역시 저절로 열리는 기적이 일어났습니다. 하나님은 우리가 기도하면 돕는 천군 천사를 보내어 문제를 해결해 주심을 알 수 있습니다.

말씀 읽기 히 1:7, 14

3. 합심 기도는 문제 해결의 능력이 있다.

성도들은 베드로가 감옥에 있을 때에 마가의 다락방에 모여 있었습니다. 베드로는 천사의 도움으로 감옥에서 풀려나 마가라 하는 요한의 어머니 마리아의 집으로 갔는데, 그 시간까지도 성도들이 모여 베드로 사도를 위해서 기도하고 있었습니다. 당시 마가의 집은 예루살렘 교회의 집회소로 사용되고 있었는데, 그들은 뜨겁게 여럿이 합심해서 기도하고 있었던 것입니다. 여기서 성도의 합심 기도는 문제를 해결하는 능력이 있음을 알 수 있습니다.

말씀 읽기 행 12:12

생각 나누기

1. 당신은 기도가 어떤 권능을 가지고 있다고 생각합니까?

2. 베드로가 기도를 통해 체험한 이적은 무엇이었습니까?

3. 합심 기도가 가지는 능력은 무엇입니까?

chapter 20
여리고성을 무너뜨리는 기도

성경 / 수 6:1-3(p.327)

찬송 / 214(통349), 365(통484)

마음 열기

한 부부가 소원을 들어준다는 전설이 있는 샘물을 찾아갔습니다.
"여보, 이 샘물에 동전을 던지고 소원을 빌면 이루어진대요."
아내의 말에 남편은 못 믿겠다는 표정을 지으며 말했습니다.
"말도 안 되는 소리 하지 마."
"정말이라니까요. 못 믿겠으면 한 번 해 봐요."
남편은 주머니에서 동전 하나를 꺼내 호수에 던지며 중얼거렸다. 그런데 그 순간 아내가 중심을 잃고서 샘물에 풍덩 빠지고 말았다. 남편이 박수를 치며 말했다.
"와우, 정말 대단한데. 소원이 정말 이루어지네."

전설 속의 기적은 사실이 아니라, 사실로 나타나면 좋겠다는 소원들이 이야기로 되어 전해져 내려오는 말입니다. 그러나 성경에 등장하는 기적들은 전설로 전해져 내려오는 것들이 아니라, 역사적 사실로 전해져 내려오는 사건들입니다.

오늘 본문에 여리고성이 무너진 사건 역시 역사적인 사실입니다. 출애굽한 이스라엘 백성들의 길목 마지막 관문에 여리고성이 굳건히 버티고 있었습니다. 그때에 이스라엘 백성들은 그들 앞에 놓인 문제 때문에 좌절하지 않고 지도자 여호수아의 지휘를 따라서 성을 일곱 번 돌았으며 마지막에 소리를 질러 외치니 성벽이 무너져 내렸고 응답의 축복을 받았습니다.

여리고성은 어떻게 무너져 내렸습니까?

1. 하나님이 붙여 주셨다(2절).

이스라엘의 가나안 정복을 확실히 하여 주기 위해서 하나님은 여리고성을 신적, 초자연적인 역사로 파괴할 것을 약속하셨습니다. "내가 여리고와 그 왕과 용사들을 네 손에 붙였으니." 이스라엘 백성들은 하나님께서 붙여 주신다는 약속의 말씀을 확실히 믿었으며, 주께서 하라는 대로 움직여서 기적을 만들어 낸 것입니다.

오늘도 주님께서 우리에게 붙여 주신다고 말씀만 하시면 일어나지 못할 기적이 없습니다. 그러므로 기도할 때에 주님께서 붙여 달라고 기도해야 합니다. 기도는 여리고성을 무너뜨리는 이적을 나타냅니다.

말씀 읽기 ▶ 수 10:8-11

2. 새벽의 역사였다(1절).

여리고성을 무너뜨린 방식은 오늘날처럼 미사일이나 대포를 동원하여 무너뜨리는 것이 아니었습니다. 이스라엘 백성들은 단순히 총동원하여 여리고성을 매일 새벽마다 돌기만 했을 뿐이었습니다. 그리고 마지막 일곱 번째 날에는 성을 일곱 번 돌았다고 성경은 기록합니다.

이 것은 오늘날의 새벽기도라고 말할 수 있습니다. 새벽에 문제에 접근하여 매일같이 여리고성을 도는 것 같이 기도할 때에 오늘도 우리 앞에 놓여 있는 여리고성은 똑같이 무너질 것입니다. 새벽은 하나님의 이적을 경험할 수 있는 귀중한 시간입니다.

말씀 읽기 ▶ 시 46:1, 5, 10

3. 찬송의 역사였다(20절).

백성들은 여리고성을 도는 마지막 날에 일곱 번 돌았는데, 그 마지막 순간에 제사장들이 나팔을 크게 불었고, 백성들은 그 나팔 소리를 듣는 순간에 크게 외치니 성벽이 와르르 무너져 내렸습니다. 사건은 바로 찬송의 능력을 보여 줍니다.

오늘날에도 성도들이 기도하고 힘있게 찬송하면 이는 능력을 나타내어 우리들의 모든 문제의 여리고성을 한순간에 와르르 무너뜨리고 문제를 해결하는 이적을 가져오게 합니다.

말씀 읽기 ▶ 시 18:1-3

생각 나누기

01 이스라엘은 어떻게 여리고와의 전쟁에서 승리할 수 있다고 확신할 수 있었습니까?

02 새벽에 부르짖는 기도는 왜 능력이 있습니까?

03 찬송 생활이 성도에게 중요한 이유는 무엇입니까?

chapter 21
기도와 성령 충만

성경 / 엡 5:18(p.315)

찬송 / 182(통169), 184(통173)

> **마음 열기**
>
> 어떤 사람이 기도원에 가서 열심히 기도하여 성령 충만을 체험했습니다. 그러자 그는 자신의 믿음이 얼마나 큰가를 알아보고 싶은 마음이 은근히 들었습니다. 그는 예수님이 말씀하시기를 "지극히 적은 믿음만이라도 있다면, 이 산에게 명하여 저 바다에 빠지라고 하면 그대로 될 것이라."고 하신 말씀에 근거하여 삼각산을 향해서 명령하였습니다. "삼각산아. 예수님의 이름으로 명하노니 들려서 서해 바다에 빠지거라." 그런데 아무리 해도 아무런 반응도 일어나지 않았습니다. 그래서 다시 기도원에 들어가서 주님께 기도하면서 여쭤 보았습니다. "어찌하여 말씀대로 안 이루어집니까?" 그러자 예수님의 음성이 들려 왔습니다. "삼각산을 서해 바다에 빠뜨려서 뭣 하려고?"

종종 우리는 성경을 오해하여 성경의 진리를 자기 욕심을 채우는 데 이용하려는 미혹에 빠지기 쉽습니다. 하나님의 능력은 인간이 욕심을 채우려는 데 사용할 때에는 아무 역사가 나타나지 않습니다. 하지만 하나님의 영광이 드러나야 할 현장에는 언제라도 역사하십니다.

오늘 본문은 성령 충만에 관한 것입니다. 그렇다면 성령 충만과 기도는 어떤 관계가 있을까요?

1. 능력 있는 신앙 생활이 된다.

믿는 자들의 영적인 투쟁은 전쟁과 같습니다. 따라서 군인들이 완전무장을 하는 것같이 우리 믿는 신자는 그리스도의 군사로서 영적인 무기로 무장해야 합니다. 특별히 신자가 성령 안에서 기도해야 할 이유는 성령 안에서만이 능력 있는 신앙 생활이 가능하기 때문입니다. 우리는 세상에서 영적인 전쟁에서 승리하기 위해서 완전무장을 하되 기도함으로써 성령 안에서 능력 있는 신앙 생활을 해야 할 것입니다.

말씀 읽기 엡 6:14-18

2. 연약한 자에게 힘이 된다(롬 8:26-27).

인간은 연약하여 험한 세상을 자신의 힘만으로는 승리할 수 없습니다. 아무리 자신이 강하다고 생각하는 사람이라고 할지라도 인생의 큰 어려움을 만나게 되면 인간의 무능력함과 나약함을 경험하게 됩니다.

신앙 생활이 중요한 이유는 나약함을 깨달았을 때 전능자를 의지하여 다시 용기를 얻으며, 문제를 해결하고, 극복할 수 있게 된다는 것입니다. 성령 충만은 나약한 심령을 강하게 하고, 담대하게 하며, 어떤 어려움과 고난도 극복할 수 있도록 돕는 능력이 있습니다.

말씀 읽기 롬 8:26-27

3. 시험과 문제를 해결한다.

헬라어로 '시험'이란 말은 두 가지 단어가 있습니다. 하나는 '페이라조'인데 이는 사람을 악에 빠트리기 위해서 마귀가 미혹하는 시험입니다. 다른 하나는 '도키마조'로서 이는 이를 통과하는 과정을 통해서 우리의 믿음을 확고하게 하기 위해서 연단하는 시험입니다.

신자가 성령 충만한 삶이 필요한 이유 중 하나는 우리에게 오는 각종 시험 앞에서도 좌절하지 않고 능히 극복하며 그 문제를 해결할 수 있는 능력을 얻을 수 있기 때문입니다.

말씀 읽기 마 4:1-2

생각 나누기

01 우리가 능력 있는 신앙 생활을 하기 위해서는 어떻게 해야 합니까?

02   우리가 전능하신 하나님을 의지해야 하는 이유는 무엇입니까?

03   하나님이 우리에게 허락하시는 시험은 무엇입니까? 그 이유는 무엇입니까?

갱신과 회복

chapter 22 **침체된 구역을 회복시키라**

chapter 23 **식은 심령에 불을 지피라**

chapter 24 **행동하는 신앙인이 되라**

chapter 25 **낮은 자리에서 섬기라**

chapter 26 **당신의 생각을 변화시키라**

chapter 22

침체된 구역을 회복시키라

성경 / 행 2:42-47(p.190)
찬송 / 405(통458), 365(통484)

마음 열기

어느 날 한 부인이 수도사를 찾아와 밤낮 남편과 싸우는데 어떻게 해야 가정을 회복시킬 수 있느냐고 물었습니다. 수도사는 수도원 뒤의 약수터에서 흘러나오는 물을 성수라고 떠 주면서 남편이 싸우려고 달려들 때마다 그 성수를 한 모금 마시라고 했습니다. 그리고 성수를 마신 후에는 삼키지 말고 있다가 남편의 말이 다 끝난 후에 삼키면 한 달 후에는 가정이 회복될 것이라고 했습니다. 그 뒤 부인은 남편이 큰소리칠 때마다 수도사가 시키는 대로 했습니다. 그러자 정말 한 달 후에 그렇게 거칠던 남편이 순한 양처럼 변했습니다. 너무 신기해서 부인이 수도사에게 찾아와 말했습니다.
"정말 신비한 물이군요."
그러자 수도사가 빙그레 웃으며 대답했다.
"물이 아니라 침묵이 신비한 것입니다."

오늘날 많은 가정이 위기라고 말합니다. 가정의 위기 때문에 요즈음에는 가정의 회복이라는 단어가 자주 등장합니다. 가정의 위기뿐만 아니라, 요즘에는 구역의 활성화가 이루어지지 않아서 위기에 처한 구역들도 많습니다. 이제는 침체된 구역을 회복시켜야 할 때입니다. 이를 위해서는 성령과 은혜가 충만한 초대교회로 돌아가야 합니다.

1. 말씀으로 가르침을 받기에 힘썼다(42절).

초대교회의 구역 활동의 모습은 오늘날 그대로 실천한다고 해도 전혀 부족함이 없습니다. 초대교회의 구역 활동이 활발했던 원인 중 하나는 사람들이 말씀을 배우기에 힘썼다는 데 있습니다. 말씀 공부에 열심히 하는 구역원들이 모여 있는 구역은 다시금 살아 있는 구역으로 바뀔 수 있습니다.

말씀 읽기 ▶ 행 17:11-12

2. 서로 교제하기를 힘썼다(42절).

초대교회의 구역은 사람들이 모여서 서로 친밀한 교제를 위해 힘을 썼습니다. 친밀한 교제는 교회 부흥을 이루는 데 매우 중요한 요소입니다. 어떤 교회나 구역에서는 항상 친한 사람들끼리만 어울리는 경우가 있습니다. 이런 교회와 구역은 부흥할 수 없습니다. 교회는 친한 사람들끼리만 모이고 친밀감을 나누는 곳이 아니라, 오히려 처음 온 사람, 믿음이 더 연약한 사람에게 관심을 가지며 친교를 나누어야 합니다.

말씀 읽기 빌 2:1-4

3. 기도하는 데 힘썼다(42절).

초대교회에서 구역 활성화가 이루어진 또 다른 원인은 모이면 기도하고, 흩어지면 전도하기에 힘썼기 때문입니다. 기도는 믿는 사람으로 하여금 하나님의 능력을 체험하게 만듭니다. 구역원들이 모여서 기도하기에 힘쓰게 되면 침체된 구역이 부흥되고 새롭게 될 수 있습니다.

말씀 읽기 마 21:13

4. 모이기를 힘썼다(46절).

초대교회 구역의 특징에서 빼놓을 수 없는 것 중 하나는 모이기에 힘썼다는 사실입니다. 모이기에 힘쓰지 않는 곳에서 하나님의 역사를 이룰 수는 없습니다. 열심히 모여 기도하며 전도하고 교제할 때에 구역 활성화가 일어납니다.

말씀 읽기 히 10:25

5. 찬송 생활에 힘썼다(47절).

찬송은 하나님을 찬양하는 노래요, 곡조 있는 기도라는 말이 있습니다. 하나님은 우리로 찬송을 부르게 하려고 지으셨다고 하셨습니다. 신자는 찬송을 통해 하나님을 찬미하며, 찬송을 통해 은혜를 받고 어려울 때 힘과 용기를 얻을 수 있습니다. 구역 활성화 비결의 하나는 모여서 기도하며 찬송하는 분위기를 만들어 가는 것입니다.

생각 나누기

01 초대교회의 구역 모습은 어떠했습니까?

02 초대교회의 구역 모습 중 우리 교회에 가장 필요한 부분이라 생각되는 것은 무엇입니까?

03 모이기에 힘을 썼다는 의미는 무엇이라 생각합니까?

chapter 23
식은 심령에 불을 지피라

성경 / 엡 4:22-23(p.314)
찬송 / 197(통178), 268(통202)

마음 열기

두 청년이 이야기하고 있었습니다.
"나는 사랑하는 젊은 여자와 결혼해야 할지, 아니면 관심은 없지만 돈 많고 나이 든 여자와 결혼해야 할지 결정하지 못해 고민이야."
"정말 쓸데없는 고민을 하고 있군. 하나님의 뜻이 무엇이겠어. 당연히 마음의 소리에 귀를 기울여야지. 자네는 사랑하는 젊은 여자와 결혼하게. 그건 그렇고 그 나이 많은 여자 전화번호나 좀 가르쳐 주게."
재미있는 유머이지만, 사람이 마음에서부터 올라오는 목소리에 귀를 기울이는 것은 중요합니다.

에베소 교회 성도들은 이미 옛 사람을 벗어버리고, 예수를 믿고 세례를 받음으로써 새 사람의 삶을 살아가고 있었습니다. 그렇지만 그것으로 족하지 않았습니다. 신자는 심령을 새롭게 하여 자신의 삶을 날마다 계속해서 변화시켜 나가야 합니다.

1. 옛 사람을 벗어버리라(22절).

우리가 예수님을 믿어 믿음의 신자가 되었다고 할지라도 하루아침에 완벽하게 변화된 삶을 살 수 없습니다. 많은 사람이 예수님을 믿으면서도 그의 생활 습관은 예수님을 믿기 전의 옛 사람의 모습을 벗어버리지 못하고 있는 경우가 많습니다. 본문 22절에서 '구습'이란 말은 이전에 습관적으로 행하던 불신앙적인 행위들을 말합니다. 이제 믿음 안에서 살려고 하는 사람은 그와 같은 불신앙의 구습을 벗어버리고, 믿음 안에서 새롭게 살려고 하는 노력과 결심이 필요합니다.

말씀 읽기 히 12:1

2. 심령으로 새롭게 하라(23절).

본문 3절에 나오는 '심령'이라는 말을 공동번역에서는 '마음과 생각'으로, 현대어성경에서는 '태도와 생각'으로 번역했습니다. 그리스도인이 옛날 예수님을 믿기 이전에 가지고 있던 마음과 생각, 또는 삶의 태도 등이 예수님을 믿은 이후로 새롭게 변화되어야 함은 당연합니다. 신자가 예수님을 믿고 난 후 변화를 원한다면 그의 심령에 큰 은혜를 체험하는 것입니다.

말씀 읽기 벧후 3:18

3. 새 사람을 입으라(24절).

본문에서 보여지는 '새 사람'은 옛 사람과 대조되는 말로서 문자적으로는 '갓 만들어 낸 사람'을 의미한다. 다시 말하면 그리스도의 구속 사역을 통해서 재창조된 하나님의 백성을 가리킨다고 할 수 있습니다. 이러한 '새 사람'은 하나님의 형상대로 재창조된 합당한 삶을 영위해야 합니다.

그리스도인들이 새 사람을 입어 새롭게 지어진 경우에는 어떻게 해야 할 까요? 이제부터는 성령님의 사람이 되어야 합니다. 인간 육신을 입은 내 자신의 힘으로는 항상 충만한 신앙과 생활을 영위할 수 없습니다. 그러므로 성령님이 주장하고, 말씀의 지배를 받음으로 사는 삶을 살아가는 새 사람을 입는 것이 필요합니다.

말씀 읽기 롬 6:4

생각 나누기

01 옛 사람을 벗어 버리기 위해서는 어떻게 해야 합니까?

02 새롭게 변화되어야 할 당신 안에 있는 삶의 태도는 무엇입니까?

03   당신이 생각하는 새 사람은 어떤 사람입니까?

chapter 24
행동하는 신앙인이 되라

성경 / 약 2:14-26(p.373)
찬송 / 360(통402), 353(통391)

> **마음 열기**
>
> 한 할머니 교인이 다른 성도와 크게 다투고, 화를 내며 집으로 돌아갔습니다. 목사님은 그 할머니가 다시는 교회에 나오지 않을 것으로 생각하고, 마음이 무거웠습니다. 그런데 다음 주 예배에 할머니가 다시 출석한 것을 발견했습니다. 예배가 끝난 후 목사님은 할머니에게 물었습니다.
> "저는 할머니께서 다른 교회로 가실 줄 알았는데요."
> 그때 할머니가 대답했습니다.
> "목사님, 아무리 심한 마귀가 있다 하더라도 저는 이 교회에 열심히 충성하려고 결심했어요."

어떤 미국의 유명한 예배학자가 한국 교회 성도들의 열심이 뜨겁다는 소식을 듣고 한국 교회를 방문하였습니다. 한참 동안 이 교회 저 교회의 예배드리는 모습과 성도들의 사는 모습을 돌아본 그 예배학자는 한국 교회에는 열정은 있지만, 참된 신앙인의 모습이 없는 것 같다고 말하였습니다. 한국 교회 성도들은 열심히 모이지만, 삶 속에서 내 신앙을 실천해 가는 행동하는 신앙인이 적기 때문일 것입니다. 이에 반해 미국 교회에는 뜨거운 열정은 적지만, 삶 속에서 그 신앙을 실천해 가는 모습들이 사회와 삶 속에 그대로 녹아있습니다.

믿음에는 행함이 요구됩니다. 말로만, 생각으로만, 지식으로만의 신앙이 아니라 행함이 있는 신앙이 요구됩니다. 그렇다면 행함 있는 신앙이 중요한 이유는 무엇인가요?

1. 행함 없는 믿음은 죽은 것이기 때문이다(17, 26절).

한때 야고보서는 지푸라기 서신이라면서 경히 취급받는 시대가 있었습니다. 그것은 믿음으로 의롭게 되고 구원받는다는 것이 성경의 진리인데, 어떻게 행함을 강조하느냐는 논란 때문이었습니다. 하지만 기독교가 행함이 없이 단순히 철학으로 끝난다면 그리스도인들은 바리새인들처럼 외식자로 전락할 수밖에 없게 됩니다. 본문은 행함 없는 믿음을 책망하며 이런 믿음은 그 자체가 죽었다고 선언합니다. 신자는 죽어 있는 믿음이 아닌 살아서 역사하는 능력 있는 믿음의 소유자가 되어야 합니다.

말씀 읽기 히 11:1-3

2. 행함은 내 믿음을 밖으로 보여 주는 수단이기 때문이다(18절).

우리가 다른 사람들에게 예수를 믿으라고 전도할 때에 예수님을 저들의 눈에 보여 주면서 예수를 전할 수 없습니다. 그러나 내가 믿는 예수님을 우리는 나의 삶을 통해서 보여 줄 수 있습니다. 믿음은 그 자체가 보이지 않는 것이지만, 나의 행함을 통해서 내 믿음을 보여 줄 수 있기 때문입니다.

말씀 읽기 ▶ 약 2:18-19

3. 우리의 믿음은 행함으로 온전하게 되기 때문이다(22, 24절).

때때로 예수를 믿는 사람들이 세상 사람들로부터 손가락질을 당하고 욕을 먹는 경우가 있는데, 대부분의 경우 그들이 입술로는 예수를 믿지만, 실제로 그들의 삶의 현장에서의 행함이 없기에 그렇게 된 것입니다.

신자의 구원은 예수님을 내 인생의 구주로 영접하여 살겠다고 하는 입술의 고백을 통해서 이루어집니다. 하지만 능력 있는 신앙생활은 내가 믿는 믿음을 따라서 그대로 실천하며 행하여 살 때에 일어나게 되어 있습니다.

말씀 읽기 ▶ 약 2:21-23

생각 나누기

01 우리가 행함이 있는 믿음이 되어야 하는 이유는 무엇입니까?

02 우리 믿음을 보여 줄 수 있는 수단은 무엇입니까?

03 행함으로 칭찬받는 분들은 어떤 분들입니까?

chapter 25
낮은 자리에서 섬기라

성경 / 눅 14:11(p.119)

찬송 / 15(통55), 341(통367)

마음 열기

한 목사님이 몸이 아픈 환자를 심방해 달라는 전화를 받고 매우 반가웠습니다. 기쁜 마음으로 환자를 찾아가 예배를 드렸습니다. 예배를 드리는 동안 환자는 너무 감격한 나머지 눈물을 주루룩 흘리면서 은혜를 받았습니다. 그리고는 말했습니다.

"목사님 너무 감사드립니다. 그동안 너무 봉사에 게을렀나 봐요. 병석에 누워서야 깨닫게 됩니다. 교회에서 봉사하는 일이 낮은 자리에서 하는 일이라는 것을요. 건강이 회복되면 교회에서 내가 할 일을 찾아봐야겠어요."

목사님은 그날 왜 그렇게 감사가 되는지…

어떤 사람은 신앙 생활을 오해하여 교회에서의 직분을 마치 세상에서의 직분처럼 생각하는 사람이 있습니다. 교회에서의 직분이 올라간 것을 세상에서 출세한 것처럼 여기는 것입니다. 그렇지만 교회에서는 직분이 올라가면 올라갈수록 더욱 낮아져서 다른 사람들을 섬기는 직분이라는 사실을 깨달아야 합니다.

예수님은 자기를 높이는 자는 낮아지고, 자기를 낮추는 자는 높아지리라고 하심으로 우리가 신앙 생활을 어떻게 할 것인지에 대한 교훈을 주셨습니다.

그렇다면 낮은 자리에서 섬기는 삶이 중요한 이유는 무엇일까요?

1. 더 연약한 형제가 힘을 얻는다.

교회는 세상의 명예와 권세를 얻는 기관이 아닌, 아직 구원받지 못한 영혼을 구원하는 영적인 기관입니다. 그렇기 때문에 먼저 믿은 사람들은 늦게 믿은 사람들에게 관심을 가져야 하고, 믿음이 더 연약한 형제나 자매를 발견할 때에 그를 돕는 역할을 해야 합니다.

교회에서 먼저 믿은 사람, 직분을 가진 사람들이 낮은 자리에서 다른 형제를 섬기면, 나중에 믿은 사람들이 힘을 얻어 더 열심히 신앙 생활을 하게 될 것입니다.

말씀 읽기 ▶ 롬 14:1-3

2. 교회가 아름답고 화목해진다.

아름다운 교회는 교회의 건물을 의미하지 않고, 오히려 건물의 외양과 관계없이 그 교회의 구성원들의 영적인 분위기가 어떠하냐로서 판가름할 수 있습니다.

성도가 낮은 자리에서 섬김의 자세로 믿음이 더 연약한 사람들을 돌볼 때 교회는 아름다운 교회로, 구역은 아름다운 구역으로 변화될 것입니다.

말씀 읽기 고후 5:17-20

3. 교회 부흥의 원동력이 된다.

어떤 교회는 매주 교회에 등록하는 사람은 늘어나는데, 실제 정착하는 사람이 적은 경우가 있습니다. 이런 경우를 해결하는 중요한 열쇠는 교회의 앞문은 열어 놓고, 뒷문은 닫는 장치를 개발하는 것입니다. 그런 장치 중 하나는 바로 먼저 믿은 사람들, 믿음이 앞선 사람들이 다른 사람들을 섬기며 세워 주는 삶을 실천하는 데 있습니다.

교회 부흥은 인위적으로 만들어지지 않습니다. 진정한 교회 부흥은 낮은 자리에서 서로 섬기는 삶을 실천하며, 그런 분위기가 확산 될 때에 날마다 부흥되는 교회와 구역으로 바뀔 것입니다.

말씀 읽기 행 2:43-47

생각 나누기

01 교회에서 먼저 믿음 생활을 시작한 자들이 처음 믿음 생활을 시작한 연약한 자들을 볼 때 어떻게 해야 합니까?

02 교회의 중요한 부흥의 원동력은 무엇입니까?

03 낮은 자리에서 섬김의 삶을 실천하기 위해서 우리 구역에서 할 수 있는 방안을 의논해 봅시다.

chapter 26
당신의 생각을 변화시키라

성경 / 빌 3:15-6(p.321)

찬송 / 323(통355), 351(통389)

마음 열기

과학의 발달로 결혼을 앞둔 선남선녀들에게 획기적인 상품이 출현하였습니다. 그것은 바로 자신의 희망 사항을 입력시키면 이상적인 상대를 소개해 주는 컴퓨터였습니다. 한 노처녀가 컴퓨터 앞으로 다가가서 부푼 가슴을 안고 자신의 희망사항을 입력시켰습니다. 과연 이런 남자가 세상에 있을까 하는 생각도 해 보면서 평소에 늘 꿈꾸어 오던 모든 사항을 입력하였습니다.

- 즐겁게 해달라면 언제나 멋진 음악과 춤을 선사할 수 있고,
- 우울할 때는 풍부한 유머 감각으로 웃겨 주며,
- 심오한 지식을 갖춘 지성미로 지적 욕구를 채워 주고,
- 경제적 감각과 정치적 소신이 있으며,
- 언제나 아이들과 친구가 되어 잘 놀아 주고,
- 휴일엔 항상 가족과 함께하며 즐거움을 베풀고,
- 그리고 조용히 하라고 하면 즉시 입을 굳게 다무는 상대.

그러자 컴퓨터는 다음과 같이 응답하였습니다.

"텔레비전을 한 대 사시오."

우리가 인생에 승리하고 행복하려면 먼저 내 생각을 바꾸어야 합니다. 이제까지의 나 중심의 생각에서 하나님 중심, 교회 중심, 성경 중심의 신앙으로 바꾸며, 사랑의 희생과 헌신적인 마음으로 남을 섬기고 봉사하는 삶의 양식으로 나를 바꾸어야 합니다.

오늘 본문에서 바울은 우리의 사고를 바꾸어야 한다고 말했습니다. 물론 이 말은 신앙규범에 관련된 것이었지만 우리의 모든 삶에도 적용됩니다. 우리는 어떻게 생각을 바꾸어야 할까요?

1. 긍정적 믿음의 사고를 가지라.

믿음의 사람들이 항상 염두에 두어야 할 것 중 하나가 바로 긍정적인 사고방식입니다. 긍정적인 사고라고 해서 인본주의적인 그런 것이 아니라, 주님 안에서 할 수 있다는 긍정적인 사고방식을 말합니다. "나는 할 수 없다"가 아니라, "주님이 힘 주시면 나도 할 수 있다"는 긍정적인 사고방식은 우리의 삶과 신앙 생활을 획기적으로 변화시킬 수 있습니다.

불신앙인과 신앙인의 다른 점은 바로 남들이 할 수 없다고 여길 때에도 주님만 도우시면 할 수 있다는 확신과 믿음 위에 세워진 긍정적인 신앙태도입니다.

말씀 읽기 ▶ 민 14:4-10

2. 매사에 감사의 마음을 가지라.

사람은 누구나 잘되고 좋은 일이 있을 때에는 감사하면서 즐거워하고 좋아합니다. 하지만 어려운 일이 있을 때라든지, 힘든 일이 일어날 때에는 불평하고 낙심하기 쉽습니다. 그렇지만 신앙인의 삶의 자세는 내게 일어나는 어떤 일 속에서도 매사에 감사하며 하나님께 영광을 돌리는 삶을 살아야 합니다.

내가 남을 비판하고 비난하며 불평하는 것을 성경이 금지하는 이유는 그 사람보다 내 심령이 먼저 피해를 당하기 때문입니다. 하지만 매사에 감사하며 살면 화도 복으로 바뀌고, 안되던 일마저도 잘 풀려 갈 수 있게 됩니다.

말씀 읽기 ▶ 시 26:1-7

3. 낮은 자리에서 봉사하려고 하라.

어떤 사람들은 예수님을 믿고 난 다음에도 세상에서의 삶의 방식과 생각의 방식을 여전히 그대로 간직한 채로 신앙 생활을 하려고 하는 것을 보게 됩니다. 세상 사람들은 명예, 권세, 물질, 권위를 세우는 것을 성공한 인생으로 부르기 쉽습니다. 하지만 믿음 안에서의 삶은 세상의 그런 것들과는 달리 오히려 낮은 자리에서 주님 앞에 봉사하고 헌신하는 삶을 가장 아름다운 삶으로 인정합니다. 그리스도인들은 그들의 생각을 세상적인 것에서 변화하여 낮은 자리에서 봉사하려는 신앙 자세로 바뀔 때에 아름답습니다.

말씀 읽기 벧전 4:8-11

생각 나누기

01 주 안에서 갖게 되는 긍정적인 믿음의 사고는 무엇입니까?

02 매사에 감사하는 마음을 갖게 될 때 얻게 되는 유익은 무엇입니까?

03 그리스도인으로 성공한 삶은 어떤 삶이라 할 수 있습니까?

VI

섬김과 헌신

chapter 27 　섬기는 자의 행복

chapter 28 　섬김에 대한 보상

chapter 29 　성경의 원리로 섬겨야 한다

chapter 30 　섬김의 동기

chapter 31 　섬김으로 높아지기

chapter 27
섬기는 자의 행복

성경 / 요 13:3-9

찬송 / 301(통459), 569(통442)

> **마음 열기**

60여 년 전에 호두과자를 개발해서 천안의 명물로 만든 심복순 할머니께서 인생을 마무리 하면서 『나는 다윗왕보다 행복합니다』라는 제목으로 책을 냈습니다. 제목에 대한 이유를 묻는 질문에 할머니는 대답했습니다. "보잘것없는 제가 하나님의 성전을 일곱 군데나 세웠으니, 다윗왕보다 더 행복하지 않겠습니까?" 호두과자를 파는 할머니 심복순. 그녀는 벌써 6개의 교회를 자신의 힘으로 지었고, 이제 일곱 번째 교회를 짓고 있었습니다. 그러나 정작 자신은 쪽방에서 살고 있습니다. 누구를 섬기려고 마음에 작정하는 순간부터 참된 행복이 시작됩니다.

최초의 아담은 하나님같이 높아지려다 그만 타락하여 낮아지게 되었습니다. 그러나 두 번째 아담인 예수님은 낮아지는 삶, 즉 섬기는 삶을 살았습니다. 그렇다면 예수님을 따라 사는 삶은 어떤 것인가요?

1. 섬김는 삶을 살아야 한다(3절).

예수님은 보이는 세계와 보이지 않는 세계의 주인으로 영광 받기에 합당하시고 높임 받기에 합당하신 하나님입니다. 그러나 낮고 천한 이 땅 위에 종의 형상을 입고 오셔서 섬김의 모범을 보여 주셨습니다. 예수님을 닮아 가는 우리들은 섬김을 받는 일보다는 섬기는 일을 선택해야 합니다. 섬김이 항상 유쾌한 것은 아닙니다. 섬김은 힘들지만 가치 있는 일이고 예수님의 방식으로 살아가는 것입니다. 예수님은 쉬운 삶, 재미있는 삶을 뒤로하고 섬기는 삶을 사셨습니다. 예수님은 바로 섬김이 있는 곳에 참된 행복이 있다는 것을 알고 계셨습니다. 교회에서 가장 행복한 사람은 섬기는 기쁨을 아는 사람입니다.

말씀 읽기 창 3:5

2. 수건을 허리에 둘러야 한다(4절).

섬기는 본을 보이는 데 있어 권위, 체면 지위나 자존심은 거추장스러운 어떤 것이었습니다. 주님은 권위나 체면으로 상징되는 겉옷을 벗으셨습니다. 예수님 당시의 겉옷은 남의 발을 씻기기에는 어울리지 않는 복장이었습니다. 그래서 예수님은 기꺼이 겉옷을 벗고 발을 씻기셨습니다. 왕이 왕복을 벗고 왕관을 기꺼이 내려놓은 것과 같습니다. 섬기는 자의 행복을 알고 깨닫기 위해, 우리에게 방해되는 것이 무엇입니까? 체면과 자존심입니까? 남이 나를 어떻게 생각하는가, 얼마나 나를 가볍게 보겠는가로 고민하십니까? 남자로서의 자존심, 나이가 더 많다는 자존심, 내가 더 많이 배운 사람이라는 자존심, 내가 더 오래 믿었다는 자존심의 겉옷을 과감히 벗어 버려야 합니다.

> **말씀 읽기** 시 89:16

3. 섬김의 삶은 남의 더러운 발을 씻어 주는 일이다(5절).

주님은 대야에 물을 담아 제자들의 발을 씻기시고 그 두르신 수건으로 씻기기를 시작하셨습니다. 손을 씻기지 않으시고 발을 씻기셨습니다. 발은 가장 더러워지기 쉬운 부분입니다. 특히 예수님 당시 대부분의 사람들은 지금의 샌들 같은 것을 신고 포장되지 않은 흙길을 걸어 다녔습니다. 예수님은 제자들의 냄새가 가장 많이 나는 발을 씻어 주시고 주님이 가지신 수건으로 닦아 주셨습니다. 섬김은 남의 허물과 죄를 씻어 주고 닦아 줌에서 시작되는 것임을 우리에게 가르쳐 주셨습니다. 우리 주님은 우리들의 죄와 허물을 사하시고 씻어 주시기 위해 십자가에서 보혈의 피를 흘리시기까지 하셨습니다.

내가 모인 곳을 천국으로 변화시키려면 섬기는 사람이 많아져야 합니다. 우리 구역이 천국의 기쁨이 있기 위해서는 섬기는 자가 되어야 합니다.

> **말씀 읽기** 갈 6:2

생각 나누기

01 우리가 섬김의 삶을 살아야 할 이유는 무엇입니까?

02 주님의 일을 섬김에 있어 나에게 방해가 되는 생각은 무엇입니까?

03 지금 우리가 있는 자리에서 섬겨야 할 낮은 자리는 무엇이라고 생각하십니까?

chapter 28
섬김에 대한 보상

성경 / 요 12:26(p.168)

찬송 / 591(통310), 534(통324)

> **마음 열기**
>
> 아이언 사이드라는 목사님이 계셨습니다. 그분은 무디 목사님의 후임자였습니다. 그분은 어렸을 때 구둣방에 나가서 구두 만드는 것을 도와주고 돈을 벌었다고 합니다. 구두를 만들 때, 가죽을 잘라서 물에 담갔다가 꺼내서 바짝 마른 다음 두들긴 후 탄탄하게 해서 구두창을 만들었습니다. 주인이 가죽에 물이 다 마르거든 두들기라고 했는데, 어떤 사람은 오래 기다리기 귀찮아서 젖은 가죽으로 구두를 만들기도 했습니다. 항상 열심히 일하는 목사님은 이런 말을 했다고 합니다. "나는 구두 한 켤레를 팔아서 50센트 받기 위해서 일하는 것이 아닙니다. 나는 손님들에게 얼마나 충성하고 그들을 섬겼는지에 대해서 하나님께 보상을 받으려고 일하는 것입니다."

섬김과 봉사에 대한 보상이 있습니다. 오늘은 우리가 섬김의 삶을 살 때 하나님께서 어떤 것을 주시는지 알아봅시다.

1. 하나님께 귀히 여김을 받는다(요 12:26).

세상적으로 볼 때 섬김을 받는 사람들이 섬기는 사람보다 더 멋있게 보입니다. 그러나 하나님은 섬기는 자를 더 귀히 여기십니다. 하나님 앞에서 인정받고 싶다면 섬기는 삶을 선택해야 합니다. 섬김을 받을 수 있는 자격이 됨에도 불구하고 섬기는 자의 자리에 설 때 하나님은 그를 귀하게 보십니다. 예수님은 섬김을 받을 수 있는 분이셨지만 스스로 섬김의 자리에서 내려오셨습니다. 하나님은 예수님을 귀하게 여기셨고 가장 높여 주셨습니다. 우리가 섬김의 자리로 낮아질 때 하나님은 우리를 높여 주실 것입니다.

말씀 읽기 ▶ 빌 2:5-11

2. 칭찬을 받는다(롬 14:18).

섬기는 자는 하나님께 귀한 삶으로 인정 받을 뿐만 아니라 사람에게도 칭찬을 받게 됩니다. 마더 테레사의 삶이 그러했습니다. 그녀는 섬기는 삶을 살았습니다. 시간이 지나자 세상은 그녀를 주목했습니다. 그의 사역 초기에는 많은 현지 사람들이 그녀를 오해했습니다. 그러나 시간이 지나자 그녀의 참다운 섬김의 정신을 알게 되었습니다. 대부분의 사람들은 수소가 든 풍선과 같이 높이 날아오르려고 합니다. 자신의 높음을 즐거워하며 만족해 합니다. 미국의 많은 대통령이 있지만 가장 칭찬받는 대통령은 링컨입니다. 그가 사람들에게 존경과 칭찬을 받는 이유는 그는 자신보다 낮은 자들을 섬기는 삶을 살았기 때문입니다.

말씀 읽기 고후 10:18

3. 천국의 유업을 상으로 받는다(골 3:24).

섬기는 자에게 칭찬과 인정이 있을 뿐 아니라 유업의 상이 있습니다. "이는 유업의 상을 주께 받을 줄 앎이라 너희는 주 그리스도를 섬기느니라"라는 구절은 노예들이 '육신의 상전'에게서는 부당하게 종의 대우를 받고 있지만, 하나님 앞에서는 자녀의 명분으로 장차 유업을 받게 된다는 의미를 가지고 있습니다. 당시 하인들의 성실한 섬김은 사람들로부터 보상을 받지 못했습니다. 하지만 하나님의 종인 우리들의 섬김은 하나님께서 보상해 주십니다(벧전 1:4-5).

말씀 읽기 갈 4:7

4. 영광의 면류관을 받는다(벧전 5:4).

모든 목자장이 되시는 주님은 영광스런 면류관을 약속하십니다. 성도를 섬기는 삶을 살았던 사도 바울도 자신을 위해 면류관이 예비되어 있다고 믿음으로 고백하였습니다. 이것은 영광의 면류관입니다. 직임을 잘 감당하는 백성은 그리스도로부터 합당한 상급으로 영원히 쇠하지 않는 영광을 받게 될 것입니다(롬 8:17, 18; 요일 3:2).

말씀 읽기 딤후 4:7

생각 나누기

01 하나님께 귀히 여김을 받기 위해서는 어떻게 해야 합니까?

02 섬기는 자가 받는 상급은 무엇입니까?

03 영광의 면류관을 받기 위해서는 어떻게 해야 합니까?

chapter 29
성경의 원리로 섬겨야 한다

성경 / 마 25:14-30(p.43)
찬송 / 252(통184), 254(통186)

마음 열기

어떤 나그네가 사막을 여행하다 물어 떨어졌습니다. 목마름 중에 드디어 어떤 마을에 도착했습니다. 하지만 그곳은 사람이 살지 않는 마을이었습니다. 나그네가 찾은 것은 오래된 펌프였습니다. 그 펌프 옆에는 물바가지에 물이 있었는데, 바가지에 이렇게 쓰여 있었습니다. "충분히 물을 마시고 싶다면 바가지의 물을 마시지 말고, 이 물을 펌프에 부으시오, 그리고 펌프질을 하시오."

먼저 큰 바가지에 물을 떠서 펌프에 부어야 더 많은 물을 얻게 됩니다. 이것이 섬김의 원리입니다. 누군가의 최초의 섬김이 있을 때 비로소 더 큰 결과가 있습니다.

성경은 우리가 가진 것을 주인이 종에서 소유를 맡긴 것으로 설명합니다. 주인이신 예수님은 종인 우리에게 자신의 것을 관리하라고 맡겨주셨습니다. 사람은 이 땅에서 어느 것이든 영원히 자신의 소유로 삼을 수 없습니다. 오늘은 섬김의 원리에 대해 알아봅시다.

1. 섬김의 원리는 청지기 원리이다.

사람이 땅을 영원히 소유하지 못하고, 재물을 영원히 소유하지 못하며, 건강한 육체를 영원히 소유하지 못합니다. 모든 것은 하나님께서 우리에게 잠시 맡겨 주신 것입니다. 맡겨 주신 목적은 보다 귀한 목적을 위해 잘 관리하기 위해서입니다. 다시 말하면 우리는 하나님께서 맡겨 주신 것의 관리자, 즉 매니저입니다. 우리가 해야 할 것은 관리(매니지먼트)입니다. 하나님께서 우리를 관리자(매니저)로 삼으셨습니다. 하나님께 드리는 것이 아까워질 때 우리는 다시 청지기(매니저)로 부름 받은 우리 본분을 기억해야 합니다. 누가복음 12장의 어리석은 부자는 부지런히 일해서 농사를 잘 지었습니다. 그는 계속 말합니다. "내 물건, 내 곡간, 내 곡식, 내 영혼." 그때 하나님께서 음성을 들려주십니다. "어리석은 자여 오늘 밤에… 찾아가리니, 네 것이 누구의 것이 되겠느냐?" 당신은 소유를 위해 살아갑니까? 아니면 청지기로서 살아갑니까?

말씀 읽기 ▶ 눅 16:1-8

2. 섬김의 원리는 재능의 원리이다(15절).

하나님은 우리에게 남다른 재능을 하나 이상 주셨습니다. 아무리 자신이 잘하는 것이 없다 해도 잘 생각해 보면 다른 사람보다 잘하는 뭔가를 주셨음을 알 수 있습니다. 수달에게는 수영을 잘하는 재주를 주셨고, 제비에게는 수달처럼 수영은 못하지만 잘 날아다니는 재능을 주셨습니다. 다람쥐는 날지는 못하지만 나무를 잘 타는 재주를 주셨습니다. 두더지는 나무를 못 타지만 땅굴을 누구보다도 잘 팝니다. 우리에게도 하나님은 어떤 부분에선가 남들보다 잘할 수 있는 무언가를 주셨습니다.

믿는 사람으로서의 봉사 생활에서 가장 중요한 것은 자기 재능을 알고, 자기의 사역을 발견하며, 하나님을 섬겨야 하는 분야를 찾는 일입니다. 또 남의 재능을 이해하고 그들과 함께 더불어 일하는 것을 배우는 일입니다.

말씀 읽기 고전 12:4-10

3. 섬김의 원리는 성실의 원리이다(21절).

주인은 자신의 뜻대로 순종하여 실천한 종을 불러 "작은 일에 충성했다"고 칭찬하였습니다. 예수님이 우리에게 원하는 것은 성공이 아니라 충성입니다. 많은 사람이 성실히 섬기며 충성하지 않는 이유는 "내가 맡은 일은 너무 작다"는 생각 때문입니다. 이런 작은 일을 통해 내가 무슨 칭찬을 받겠는가라고 생각합니다. 하지만 주님이 볼 때 인간이 하는 일은 위대하지 않습니다. 큰일이 없습니다. 인간이 볼 때 큰일도 하나님이 볼 때는 그다지 크지 않습니다. 우리 인생의 위대한 업적도 하나님이 보실 때는 그다지 위대하지 않습니다. 우리에게 보다 원하시는 바는 위대한 성공보다 충성하는 것입니다. 우리가 교회에서 하는 작은 섬김이라도 이를 하나님을 위한 일이라 생각하고 최선을 다한다면 하나님의 칭찬과 상급을 나에게 주실 것입니다.

말씀 읽기 계 22:12

생각 나누기

01 우리가 이 세상을 청지기로서 살아야 할 이유는 무엇입니까?

02 주님을 위해 잘 섬길 수 있는 나의 재능은 무엇입니까?

03 우리는 어떻게 섬겨야 할까요?

chapter 30
섬김의 동기

성경 / 요일 3:16(p.391)

찬송 / 546(통399), 545(통344)

> **마음 열기**

어떤 목사님이 눈 덮인 알프스산을 지나다가 그만 발을 헛디뎌서 계곡으로 떨어지고 말았습니다. 의식을 회복하여 보니 어떤 농부가 자기를 오두막에 데려가 상처를 싸매어 주고 살려 준 것을 깨닫게 되었습니다. 자기 생명을 구해 주고 도와준 것이 너무나 감사해서 물었습니다. "당신의 이름은 무엇입니까? 여기의 주소는 어떻게 됩니까? 당신의 이름과 주소를 알려 주시면 반드시 후일에 사례하겠습니다!" 그때 농부는 웃으면서 말했습니다. "저도 목사님께 한 가지 묻겠습니다. 저의 이 질문에 대답해 주시면 이름과 주소를 대답해 드리겠습니다. 당신은 예수님이 가르쳐 주신 선한 사마리아인의 이름과 그 주소를 아십니까?"

우리가 왜 다른 사람을 섬겨야 합니까? 성경을 통해 그 이유를 알아보도록 하겠습니다.

1. 주님의 섬김을 받은 사람이기 때문이다(요일 3:16).

우리가 섬겨야 하는 이유가 있습니다. 주님이 우리를 위해 목숨을 버리셨습니다. 이 세상에서 하나님의 사랑과 섬김을 가장 많이 받은 사람들이 우리입니다. 우리는 그 같은 사랑을 받은 사람들입니다. 주님께서 나를 위해 희생하셨으며 그 희생으로 우리가 살았습니다. 2000년 전, 제자들의 발을 씻겨 주시면서 섬기신 주님은 2000년이 지난 지금도 우리의 발을 씻겨 주시고 우리를 섬겨 주십니다. 그러하기에 우리가 다른 사람의 발을 씻기는 섬기는 자가 되어야 하는 것은 당연합니다.

말씀 읽기 요 15:12-13

2. 주님을 사랑하기 때문에 섬겨야 한다.

우리는 주인되신 주님을 사랑하기 때문에 섬기는 삶을 살아야 합니다. 출애굽기 21:1-6에 히브리 종에 관한 내용이 나옵니다. 히브리민족의 노예제도는 6년 동안 일하고 7년이 되면 자유를 줍니다. 종이 혼자 들어왔으면 혼자 나갈 것이고, 혼자 들어 왔으나 그 집에서 여자를 주어 장가도 가고 자식도 낳았으면 그 아내와 자식들은 두고 혼자 나가야 합니다. 그러나 종이 주인을 너무나 사랑하고 처자식을 너무나 사랑하여 나는 나가지 않겠노라 하면 주인은 그를 데리고 재판장에게로 가서 이 사실을 고해야 합니다. 그리고 기둥에 귀를 대고 그 귀를 송곳으로 뚫습니다. 이것은 나는 상전이 좋아서 영원히 상전을 섬기겠다고 하는 표시입니다. 그는 이제 억압된 종이 아니라 자유의 몸이지만 주인이 너무나 좋아서 나는 주인을 영원히 섬기겠다는 것입니다. 우리는 주님이 십자가를 지심으로 나를 사랑하셨다는 것을 기억하고 섬기는 자로 살아야 합니다. 즐거운 마음으로 섬기는 자가 되어야 합니다.

말씀 읽기 눅 20:46

3. 섬기는 자에게 보상이 있다.

마태복음 25:31 이하를 보면 보좌에 앉으신 주님께서 심판하시는 모습이 나옵니다. 이때 목자가 양과 염소를 갈라놓듯이 사람을 분별하는데 의인은 오른편에 악인은 왼편에 갈라놓았습니다. 그리고 예수님은 그들에게 말씀하십니다. "내가 주릴 때에 너희가 먹을 것을 주었고 목마를 때에 마시게 하였고 나그네 되었을 때에 영접하였고, 벗었을 때에 옷을 입혔고 병들었을 때에 돌아보았고 옥에 갇혔을 때에 와서 보았느니라." 그때 오른편에 있는 의인들이 하는 말이 "우리가 언제 그렇게 하였나이까? 언제 주의 주리신 것을 보고 공궤하였으며 목마르신 것을 보고 마시게 하였나이까..." 이들은 이 땅에서 한 선한 일과 섬김에 대해 까맣게 잊어버렸습니다. 하지만 주님은 섬기는 삶을 산 이들의 보상을 잊지 않으셨습니다. 주님께서 말씀하셨습니다. "복받을 자들이여 너희를 위하여 예비된 나라를 상속하라."

말씀 읽기 잠 29:23

생각 나누기

01   우리가 다른 사람을 섬겨야 하는 이유는 무엇입니까?

02   우리가 사랑하는 주님은 어떠한 삶을 사셨습니까?

03   섬기는 자에게 어떤 보상이 있습니까?

chapter 31
섬김으로 높아지기

성경 / 막 10:35-45(p.72)
찬송 / 309(통409), 374(통423)

마음 열기

세계 2차 대전 당시 미국 워싱톤에는 밤마다 유니온 기차 정거장에 수백 명의 장정들이 전쟁터에 가기 위해 몰려들었습니다. 이때 많은 자원자가 밤에 나와 이들을 위해 차를 대접했습니다. 전쟁터로 가는 청년 한 명이 자신에게 차를 따라 주는 노인을 자세히 살펴보니 보통 사람이 아니었습니다. 그는 분명히 대통령이었습니다. "각하, 루즈벨트 대통령이 아니십니까?" 루즈벨트 대통령은 불편한 육체에도 불구하고 밤마다 기차 정거장에 나와 기차로 떠나는 청년들에게 차를 대접했습니다. 대통령이 따라 준 차를 마신 청년들의 사기는 대단했습니다. 이처럼 섬기는 일에는 위아래가 없는 법입니다.

예수님의 제자들의 태도는 우리의 마음을 점검하는 좋은 계기가 됩니다. 제자들이 가지고 있었던 태도는 어떠했습니까?

1. 높아지려는 욕심 때문에 다툼이 생긴다(35-41절).

제자들도 높아지려는 욕심을 가지고 있었습니다. 이런 마음이 나타나자 제자들 사이에 다툼이 생겼습니다. 예수님께 야고보와 요한이 나아와 자신들은 특별히 예수님의 좌우편에 앉게 해 달라고 요구했습니다. 이것을 들은 10명의 제자들은 분을 냈습니다. 인간은 누구나 높아지려는 욕망을 가지고 있습니다. 니체는 "생물이 존재하는 모든 곳에는 권력에 대한 욕구가 있다"고 했습니다. 이런 욕심이 드러나게 되자 제자들 사이의 관계가 깨어졌습니다. 많은 경우 구역 모임이나 소그룹 모임에서 다툼이 생기는 것은 우월감이 원인입니다. 높아지려는 마음은 모임을 분열시키고, 다툼을 일으킵니다. 왜 우리 모임에 다툼이 있습니까? 높아지려는 마음을 극복하지 못했기 때문입니다. 우리 모임에 갈등이 있다면 우리는 높아지려는 마음을 버려야 합니다.

말씀 읽기 ▶ 삼하 18:9

2. 높아지려는 자는 섬기는 종이 되어라(42-44절).

모든 사람은 정상을 향해 올라갑니다. 높은 곳에 서기를 원하고, 최고가 되기를 원하며, 성공하여 많은 사람을 거느리기를 원하고, 호령하며 다스리기를 원합니다. 그리하여 높은 곳으로 올라갑니다. 예수님은 내려 오는 삶을 사셨습니다. 낮은 곳으로 임하셨습니다. 예수님의 섬김은 자신을 사람들이 있는 낮은 곳으로 내려오게 하셨습니다. 이것이 제자인 우리와 스승인 주님의 차이점입니다. 교회에서는 "크고자 하는 자는 섬기는 자가 되고 으뜸이 되고자 하는 자는 모든 사람의 종이 되어야 하리라"(43, 44)고 하셨습니다. 예수님이 경외 받으심이 마땅하나 사람들을 섬기십니다. 오히려 섬기는 자가 되고 서로 종이 되라고 하셨습니다. 성도는 세상의 높은 자리에 올라도 군림하지 말고 끝까지 섬기는 자세를 지켜야 합니다.

섬긴다는 말은 헬라어로 '디아코니아'입니다. 이 말은 종이라는 뜻도 있고 동시에 권력자라는 뜻도 있습니다. 이것은 중요한 의미를 가집니다. 권력자는 종이요, 섬기는 자임을 보여 줍니다. 다스리는 자는 섬기는 자입니다.

말씀 읽기 왕하 5:11

3. 예수님은 섬기기 위해 오셨다(45절).

예수님은 세상에 오실 때부터 섬기는 자로 지극히 낮은 구유(눅 2:12)에서 탄생하시고 왕의 박해에 피난을 가야 하셨고, 가난하고 어려운 여건에서 성장하셨습니다. 말씀을 전파하고 복음을 전하며 여러 환자들을 고쳐 주심으로써 섬김의 삶을 사셨고, 멸시 천대 박해도 기꺼이 받으며 섬김의 본을 보여 주셨습니다. 오늘 성도의 섬김의 자세도 예수님을 배워 인내하며 섬김으로써 사랑을 실천해야 합니다.

교회의 직분은 섬기라고 하나님이 주신 것입니다. 우리는 섬길 때 영광스러워집니다. 섬길 때 진정한 존경이 있습니다. 높은 자리에 오를수록 더 많이 섬겨야 합니다. 이방인들처럼 높은 자리에 올라 군림해서는 안 됩니다. 성도들은 섬기는 자가 되어야 합니다. 예수님은 말씀만 하시지 않고 몸소 섬기는 삶을 실천하셨습니다.

말씀 읽기 막 8:34

생각 나누기

01 모임 가운데 다툼이 생기는 원인은 무엇입니까?

02 우리가 모임 가운데서 높아지기를 원한다면 무엇을 해야 합니까?

03 우리가 예수님을 통해 배워야 하는 섬김은 무엇입니까?

VII

선교와 사역

chapter 32　**선교하는 사명**

chapter 33　**선교하는 이유를 알라**

chapter 34　**선교의 균형을 가져라**

chapter 35　**선교의 동역자가 되라**

chapter 36　**안디옥 교회의 선교 사역**

chapter 32
선교하는 사명

성경 / 행 1:7-9(p.187)
찬송 / 91(통91), 84(통96)

> **마음 열기**

불교의 나라 미얀마에 선교사로 가서 7년의 노력 끝에 한 영혼을 주님께 인도한 선교사 아도니람 저슨과 그의 부인 앤 저슨 부부가 있습니다. 이들은 기독교를 전파했다고 해서 짐승들도 죽어 나오는 지옥 같은 감옥에 투옥되어 많은 고문을 당했습니다. 건강이 아주 나빠진 남편이 석방되고 얼마 후 부인 역시 건강이 너무 나빠졌습니다. 임종을 맞게 된 부인은 "오! 흩어졌던 친구들을 만나는 날이 오겠구나 하늘 아버지의 집에서 이젠 이별이 없으리니 얼마나 기쁠까!"라고 하며 기쁨의 얼굴로 눈을 감았습니다. 그리고 남편은 이미 미얀마에서 먼저 숨진 자녀들의 무덤 옆에 사랑스런 아내의 시신을 묻었습니다. 이들의 헌신을 역사와 세상은 잘 알아주지 않지만 하나님은 기억하고 계십니다.

예수님은 마지막으로 승천하시면서 재림을 기다리는 성도들은 선교적 사명을 감당해야 한다고 명령하십니다. 승천하신 예수님이 당부하신 하나님 나라를 선포하는 선교적 사명은 성령 강림 이후의 시대를 사는 모든 그리스도인에게 동일하게 주어진 엄숙하고 고귀한 명령입니다.

1. 어떻게 해야 선교적 사명을 감당할 수 있을까?

성령님의 권능을 받아야 감당할 수 있는 사명입니다(8절 상). 사명을 나의 능력으로 감당할 수 있다는 생각은 잘못입니다. 이 사명을 잘 감당하기 위해서는 성령님의 도우심이 절대적으로 필요합니다. 우리가 받은 사명의 출처가 성령님이기에 우리는 성령님에 전적으로 의지하여야 하고, 성령님의 인도를 받아야 합니다. 성령님이 선교 사역을 시작하셨고 주관하십니다. 바울은 성령님에 의해 선교사로 세우심을 받았습니다(행 13:13). 바울은 자신이 성령의 매임을 받았노라고 고백합니다. 이것이 선교 사명 감당의 비결입니다.

그리스도인은 성령님의 도움으로 사명을 잘 감당할 수 있습니다. 성령님은 우리를 증인되게 하십니다. 성령님에 붙들린 바 될 때, 그분의 권능이 우리를 통해 나타나서 우리가 증인이 될 수 있습니다. 그래서 사명을 감당하는 그리스도인은 성령님께 붙들린 바 된 상태를 유지해야 합니다.

말씀 읽기 ▶ 행 16 : 7-9

2. 어디까지 선교적 사명을 감당해야 할까?

땅끝까지입니다(8절 하).예수님이 예루살렘에서부터 땅끝까지 가라고 말씀하십니다. 그리고 거기서 사명을 감당하라고 말씀하십니다. 이스라엘 나라만의 회복을 원하는 사람들에게 주님은 땅끝까지 가라고 말씀하십니다. 요나도 원수의 나라 니느웨로 가라는 하나님의 말씀을 받았습니다. 이 선교적 사명은 요나에게는 감당할 수 없는 명령이었습니다. 하나님은 요나를 계속해서 설득하여 하나님의 선교적 사명을 감당하게 하셨습니다. 오늘 우리에게 사마리아와 땅끝은 어디입니까? 우리는 구체적으로 가까운 이웃에서부터 세계 어느 나라, 어느 민족에게라도 복음을 전해야 합니다. 여전히 군국주의 허상에 사로잡힌 일본도 공산주의 허상에 빠진 북한도 선교의 대상입니다.

말씀 읽기 욘 4:7-12

3. 언제까지 선교적 사명을 감당해야 할까?

사명을 주신 우리 주님이 다시 오실 때까지입니다(11절). 우리는 예수님이 오실 때까지 선교의 사명을 감당해야 합니다. 이 선교의 사명은 사명의 명령자이신 예수님이 다시 오셔 사명의 끝을 알리는 선언이 있을 때까지 계속됩니다. 우리는 재림의 때까지 점차 더 넓은 지역에 확장하여 그의 증인이 되어야 합니다. 11절에서 천사가 한 "이제 하늘만 쳐다보지 말고"는 현실의 자리로 돌아가서 선교의 명령을 다하라는 의미입니다. 우리의 삶의 자리에서 선교의 사명이 시작되어야 합니다. 우리는 바로 삶의 자리에서 마지막 날 주님이 오실 때까지 선교의 사명을 감당해야 할 것입니다.

말씀 읽기 행 20:22-24

생각 나누기

01 우리는 선교 사명을 감당하기 위해서 어떻게 해야 합니까?

02 우리가 삶 가운데 감당해야 할 선교의 사명은 무엇입니까?

03 우리는 어디서부터 언제까지 선교의 사명을 감당해야 합니까?

chapter 33
선교하는 이유를 알라

성경 / 요 17:15-21(p.178)
찬송 / 85(통85), 86(통86)

마음 열기

중국 최초의 개신교 목사인 모리슨이 중국선교를 위해 배를 탔을 때 미국인 선장이 그에게 물었습니다. "모리슨 씨, 당신이 정말 중국에 영향을 미칠 수 있다고 생각하십니까?" 그러자 모리슨은 "아닙니다. 저는 못합니다. 그렇지만 하나님께서 하실 것이라고 생각합니다."라고 말했습니다. 모리슨이 중국선교를 마치고 죽었을 때 남은 것은 고작 예수 믿는 사람 12명뿐이었다. 그러나 1세기가 지난 후 중국의 기독교인은 놀랍게도 약 300만 명으로 늘어났습니다. 그는 평생 12명만을 위해 희생한 것 같지만 그의 희생과 수고는 결코 헛되지 않았습니다.

본문에는 '보낸다'라는 단어가 두 번 나옵니다. 이 단어는 헬라어로 왕이나 어떤 권세가 있는 사람이 자기의 대리인에게 어떤 사명을 수행하도록 위임하여 파송하는 것을 의미합니다. 성도와 교회가 세상에 존속하는 존재 목적은 무엇입니까? 사명입니다. 예수 그리스도에 의해 이 세상으로 보냄받은 그리스도의 대리자로서 사는 것입니다. 하나님께서 교회를 이 땅 위에 세우신 목적은 선교를 통해 이 세상 곳곳에서 하나님의 백성들을 불러 모으시기 위함입니다. 이것이 우리의 사명이요, 부름받은 자의 모임인 교회의 사명입니다.

1. 선교는 교회에 맡기신 지상 명령이다.

땅끝까지 가서 복음을 전파하며 그리스도의 증인이 되라고 하는 것은 교회의 머리가 되시는 예수이 우리 교회들에게 남겨 주신 최후의 명령인 동시에 최고의 명령입니다(요 20:21). 자녀들은 아버님이 임종할 때 마지막으로 남긴 유언을 소중히 여기며 그것을 지키려고 노력합니다. 좋은 교회는 주님의 마지막 말씀에 순종하는 교회입니다. 그리고 주님이 교회에 남겨 주신 최고의 명령이 바로 선교의 명령이라는 사실을 심각히 받아들이고 힘써 선교하는 교회와 구역이 되어야 합니다.

말씀 읽기 ▶ 행 1:8

2. 예수님의 사랑을 실천하기 위해 선교에 힘써야 한다.

하나님은 왜 이 세상에 독생자 예수 그리스도를 보내셔서 그를 십자가에서 죽게 하셨습니까? 그것은 하나님이 사랑의 하나님이시기 때문입니다(요 3:16). 하나님은 이 세상을 사랑하셨다고 하셨으나, 이 세상은 하나님께 반역하였습니다. 그러나 하나님은 그런 세상을 포기하지 않으셨습니다. 비록 범죄하였고 하나님을 배신한 인류들이지만 죄와 마귀의 속박에 얽매여 살며 소망도 없이 살아가는 인생들을 불쌍히 여기셔서 그들을 구원하시고자 하나님은 그 아들을 이 세상에 보내셨고 그를 십자가에서 죽게 하심으로써 누구든지 그 예수를 믿기만 하면 구원받을 수 있는 길을 마련하셨습니다. 그리고 이제 그러한 사실을 온 세상에 전하라고 선교의 사명을 우리 교회에게 맡겨 주신 것입니다. 오늘 우리가 하나님의 사랑으로 말미암아 구원을 받은 사람들임을 확신한다면 우리도 그 사랑을 실천할 수 있어야 합니다.

말씀 읽기 욘 4:1-2

3. 주님의 재림과 관련된다.

땅끝까지 복음이 전파되면 그때 우리 주님은 다시 오실 것입니다. 아직까지 복음이 들어가지 않은 지역에 복음을 들고 들어가는 선교사들의 발걸음이야말로 예수님의 재림을 앞당기는 발걸음이라고 표현할 수 있습니다. 구역 모임은 선교에 힘써야 합니다. 그리고 교회의 선교 활동을 직접, 간접으로 힘써 도와야 합니다. 선교는 나의 가정과 내 구역이 하나님의 관심을 받는 중요한 방법이면서 하늘의 은총을 받는 비결입니다. 구역의 최종적 목적은 단지 숫자가 불어나는 것이 아니라 숫자의 증가를 통해 더욱 교회를 섬기고 선교를 돕는 것입니다.

말씀 읽기 마 24:14

생각 나누기

01 우리 교회에 맡기신 지상 명령은 무엇입니까?

02 예수님의 사랑을 실천하는 최상의 방법은 무엇입니까?

03 우리가 주님의 재림에 일조하는 가장 좋은 방법은 무엇입니까? 그리고 그 이유는 무엇입니까?

chapter 34
선교의 균형을 가져라

성경 / 행 1:8(p.187) 9:31(p.203)
찬송 / 450(통376), 499(통277)

마음 열기

미국의 최대 석유회사 사장이 중국에 석유회사 지사를 내면서 그 관리자를 찾고 있었습니다. 그러나 까다로운 자격 요건을 갖춘 적임자를 찾기가 어려웠습니다. 힘들게 한 사람을 찾았지만 그는 선교사였습니다. 사장이 말했습니다. "지금 얼마를 받고 있습니까?" "저는 선교사로 연봉 6백 달러를 받습니다." "겨우 6백 달러요? 만일 우리 회사에 온다면 제가 연봉을 1만 5천 달러를 주겠습니다." 그러나 선교사는 이렇게 답했습니다. "저는 관심이 없습니다. 연봉은 엄청나지만 당신들이 하는 일이 너무 작습니다. 저는 생명의 주님이신 예수님을 중국에 소개하는 이 위대한 일을 하겠습니다."

선교가 지속적으로 든든히 서가기 위해서는 균형이 있어야 합니다. 즉 선교가 확대되어 많은 사람을 지속적으로 구원하기 위해서는 직접 선교와 간접 선교가 균형을 맞추어야 합니다. 구역 내의 성도들도 이런 개념을 가지고 선교을 지원해야 합니다.

1. 직접 선교는 직접 만나 복음을 전하는 것이다.

직접 선교는 직접 사람을 만나고 접촉하여 복음을 전하는 것입니다. 또 전도 집회처럼 성인이나 청소년을 교회나 한 장소에 모아서 복음을 증언하는 것입니다. 복음을 가지고 거리로 나가 생명을 구원하는 것은 하나님 앞에 귀한 헌신입니다. 우리 교회 주위에 복음을 전달할 장소는 어디입니까? 사람들이 붐비는 번화가나, 공항, 터미널, 교도소 등지에 나가서 직접 복음을 전하게 되면 한 영혼을 귀하게 여기시는 하나님의 사랑을 체험할 수 있게 됩니다.

말씀 읽기 욘 3:4-6

2. 간접 선교는 사역자를 파송하고 물질로 지원하는 것이다.

선교사를 파송하여 그분이 복음을 잘 전달할 수 있는 것도 간접 선교입니다. 전도에 필요한 시설이나 건물을 세워 주는 것입니다. 목회자를 도와서 목회자가 불편함 없이 사역을 잘 할 수 있도록 돕는 것도 넓은 의미로 간접 선교라 할 수 있습니다. 또한 선교사나 목회자를 위해 기도하는 것도 간접 선교입니다. 많은 선교사들이 영적으로 큰 도전을 받고 있습니다. 이런 영적인 도전을 이기며 항상 성령의 능력으로 사역하기 위해서는 중보기도가 필수적입니다. 구역 모임시 지원하는 선교사들을 위해 기도해야 합니다. 개인 기도 시간에도 파송한 선교사를 위해 지속적으로 기도할 때 더 많은 선교의 열매를 맺을 수 있습니다. 이런 기도로 선교를 도운 사람들에게 하나님께서 선교사의 상을 주실 것입니다. 그것은 간접 선교도 분명히 선교의 일부이기 때문입니다.

선행을 행함도 큰 의미에서 간접 선교입니다. 이것으로 사람들이 기독교와 복음에 호감을 갖게 되기 때문입니다. 어떤 분들은 선행으로 고아원에 헌금하여 도와줍니다. 어떤 사람들은 고아원의 아이들을 집에 입양해서 가정 속에서 내 아이처럼 키우는 분들도 있습니다. 우리가 효율적으로 선교하기 위해서는 직접 선교와 간접 선교가 균형을 잘 이루어야 합니다.

말씀 읽기 ▶ 행 12:5

3. 교회 안밖의 선교가 균형을 이루어야 한다.

우리는 교회 안의 모임과 세상으로 나아가는 행동이 균형을 갖추어야 합니다. 교회 안으로서의 모임과 더불어 교회 밖, 세상으로 나아가는 전도가 함께 있어야 합니다. 교회가 건강하고 활기가 있으면 먼 곳까지 선교할 수 있게 됩니다. 그런데 교회 안의 선교에는 소홀히 하면서 교회 밖의 먼 곳의 선교 사역에만 치중하다 보면 교회 안이 점점 약해져 먼 곳에 가서 선교할 힘이 없어지게 됩니다. 구역 모임시 친교가 아주 중요하지만 모임이 친교에만 머물러서는 안 됩니다. 교회 밖에 있는 영혼들에게도 관심을 가져야 한다. 이런 균형이 있을 때 지속적으로 구역 모임이 부흥됩니다.

말씀 읽기 ▶ 행 21:4-6

생각 나누기

01   우리가 할 수 있는 직접 선교는 무엇입니까?

02   우리가 할 수 있는 간접 선교는 무엇입니까?

03   선교의 균형을 맞추는 것이 왜 중요합니까?

chapter 35
선교의 동역자가 되라

성경 / 딤후 4:9-11(p.347)

찬송 / 515(통256), 518(통252)

> **마음 열기**

선교 훈련을 마치고 처음으로 일본에 부임해 가는 선교사가 있었습니다. 그런데 불행히도 배가 태풍으로 파선을 당했습니다. 그는 다행히 구명조끼가 있었지만 바로 옆에 있는 할머니가 구명조끼가 없었습니다. 그는 자기의 구명대를 벗어 할머니에게 입혀 주었습니다. 그리고 그는 선교사로 복음을 그 할머니에게 전했습니다. "할머니 제가 대신으로 죽고 내 생명을 할머니에게 드리는 것처럼 하나님은 사람이 되어 오셔서 모든 사람의 죄를 위해서 대신 죽으셨고, 자기의 생명을 주셨습니다. 그의 이름이 예수입니다." 이 말을 마친 뒤에 청년은 어둠 속으로 사라져버렸습니다. 구출된 그 할머니는 그의 남은 생애 동안에 가는 곳곳마다 이야기했습니다. "나는 예수가 누구인지 몰랐지만 그 선교사를 통해 예수님이 이처럼 나를 사랑했음을 알게 되었노라고.."

바울의 선교 사역은 협력 사역이었습니다. 바울의 선교 사역 뒤에는 많은 동역자들이 있었습니다. 선교를 도와준 사람들을 살펴보면 우리가 선교의 사역에 어떤 것으로 동참해야 하는지 알게 됩니다.

1. 브리스길라와 아굴라

바울의 선교 사역에 큰 힘이 되었던 부부는 브리스길라와 아굴라입니다. 이들은 바울을 만나 예수님을 영접하였고, 그 후 바울의 선교 사역에 가장 큰 힘이 되어준 부부였습니다. 이들은 바울이 고린도에 있을 때에 자신의 집을 교회로 내어 주었습니다.

로마서 16:5로 미루어 보면 이 부부는 바울이 로마에 가기 전에 이미 로마에서 복음을 전하고 교회를 세웠음을 알 수 있습니다. 브리스길라, 아굴라 부부는 바울에게서 배운 말씀을 붙들고 자신의 재산과 온 마음을 바쳐서 새로운 교회를 세우는 일에 전적으로 헌신했습니다. 이 결과 복음의 큰 진보가 있었습니다.

말씀 읽기 딤후 4:14

2. 오네시보로

짧은 구절임에도 오네시보로가 얼마나 바울에게 필요한 동역자였는가를 잘 알 수 있습니다. 그는 많은 사람이 바울을 배반하고 떠날 때에도, 그 곁을 떠나지 않았습니다. 그는 끝까지 남아 상처 난 마음을 위로하며 바울에게 큰 힘이 되어 주었습니다. 선교사들은 시간이 지나면 도와주는 사람들로부터 잊히고, 기도도 다른 기도 제목들에 점점 밀려나게 됩니다. 이럴 때에도 잊지 않고 기도하며 후원한다는 것은 선교사에게 얼마나 소중한 일인지 모릅니다.

3. 에라스도

'에라스도'는 디모데와 함께 마게도냐로 가서 교회를 섬겼습니다(행 19:22). 그는 또한 고린도 교회의 재무를 담당하는 자로서 바울을 도와 교회를 함께 섬긴 사람입니다. 재정적인 부분은 선교에 많은 비중을 차지합니다. 누군가 이 부분을 도와준다면 선교에 큰 힘이 될 것입니다. 우리가 돕는 재정 역시 하나님 나라를 확장시키는 중요한 도구가 될 것입니다.

4. 드로비모

드로비모는 에베소 출신으로 병이 나기까지 바울을 도우며 복음 사역을 감당했습니다. 드로비모는 에베소 교인들이 예루살렘 교회를 위해 드린 구제 헌금을 예루살렘 교회에 전달했습니다(행 20:4; 21:29).

5. 갈라디아 교회의 성도

이들은 바울의 가시였던 육체의 연약함을 비방하거나 비웃지 않고 대접하였습니다. 이들은 성숙한 성도의 모습을 보여 주었습니다. 사역자도 연약함이 있을 수 있습니다. 바울에게는 육체의 가시가 있었고, 하나님의 사역자였던 모세에게도 연약함이 있었습니다. 그러나 성숙한 성도는 사역자에게 연약함이 있음에도 섬기고 사랑합니다.

말씀 읽기 갈 4:15

생각 나누기

01   어떤 인물이 가장 인상적이었습니까? 그 이유는 무엇입니까?

02   선교사에게 가장 힘이 되고 위로가 되는 인물은 누구였을까요?

03   당신이 생각하는 가장 이상적인 인물은 누구입니까?

chapter 36
안디옥 교회의 선교 사역

성경 / 행 13:1-12(p.209)

찬송 / 310(통410), 380(통424)

마음 열기

스코틀랜드 선교사 더프 박사는 심히 노쇠하여 본국으로 귀국을 하였습니다. 그는 강단에 서서 호소하였습니다. "스코틀랜드에서 사시는 부모님들이여! 여러분들은 여러분의 자녀를 인도 선교를 위해 하나님께 바쳐야 합니다. 뭐라고요? 그런 일을 할 만한 자녀가 없다고 말씀하시는 것입니까? 여왕 폐하가 병정을 모집할 때는 그 자녀를 바치면서 예수님의 소집에는 응할 수 없다고 하시는 겁니까? 저 인도인들이 구원해 달라고 외치는 소리가 점점 높아지고 있습니다. 그 소리가 여러분 귀에는 들리지 않습니까?"

안디옥 교회는 선교에 있어 큰 역할을 했습니다. 안디옥 교회는 선교에 모범을 보인 교회였습니다. 이 교회의 사역 방법을 통해 현대 교회의 선교의 사역 방법을 배우게 됩니다.

1. 좋은 일꾼을 세우는 사역

안디옥 교회의 특징은 하나님의 교회를 섬기는 일꾼들이 많았다는 것입니다(행 13:1). 안디옥교회에는 선지자들과 교사들로 구성된 섬기는 일꾼이 많이 있었습니다. 여기에 보면, 흑인 출신인 시므온, 아주 멀리 구레네에서 온 루기오, 헤롯왕의 동생 마엔나, 다메섹에서 회심한 사울 등 특징 있는 자들이 있었습니다. 건강한 교회는 이처럼 교회 사역에 참여하여 봉사하는 성도들이 많다는 특징을 갖고 있습니다. 이들은 점점 자라 주님의 사역을 위한 많은 일꾼이 될 것입니다.

말씀 읽기 ▶ 벧전 4:10

2. 성령의 인도를 받는 직분자들

안디옥 교회는 하나님의 사역을 위해 일꾼을 세우고 파송했습니다. 그들은 자신들의 계획이나 야망에 따라 사역을 하려고 하지 않았습니다. 오직 성령님의 인도하심을 따르고자 하였습니다. 그들은 복음 사역의 주권을 주장하지 않고 온전히 하나님의 뜻에 따라 성령님의 감동하심에 따라 움직였습니다. 일꾼을 세우고 파송하는 모든 절차까지 성령님의 인도하심에 따랐습니다. 하나님의 뜻에 따를 때 결코 실패란 없습니다. 모든 환경을 주관하시는 분이 오직 하나님이시기 때문입니다. 따라서 안디옥 교회는 주님께 주권을 드리고 오직 성령님의 인도하심에 따르고자 하였던 것입니다.

> **말씀 읽기** 　행 13:2, 3

3. 능력이 나타난 교회

바나바와 바울은 최초의 선교사가 되어 복음을 위하여 이방 나라에 파송받게 됩니다. 그들은 선교지에서 많은 사람들을 만나게 되는데, 본문에서는 그들이 만난 두 사람을 소개해 주고 있습니다.

처음 만난 사람은 당시 총독 서기오 바울이라는 자였습니다. 그는 지혜 있는 사람이어서 바나바와 사울을 불러 하나님 말씀을 듣기 원했습니다. 다음은 자칭 바예수라는 유대인 거짓 선지자 박수 엘루마였습니다. 이 사람은 바울과 바나바를 대적하여 총독이 믿지 못하게 심히 방해하였습니다. 바울은 복음을 방해하는 박수 엘루마를 주목하고 성령이 충만하여 강하게 명령하였습니다.

바울의 말이 끝나자마자 즉시 큰 기적이 일어났다. 하나님의 역사가 일어난 사실을 목격한 총독 서기오 바울은 그 능력을 보고 하나님을 믿으며 가르침을 받아들이게 되었습니다. 안디옥 교회는 많은 선교의 일꾼들을 배출하였으며, 그 일꾼들은 제 마음대로 일하는 자들이 아니라 성령의 인도하심을 받는 일에 있어서 철저하였고, 그로 인하여 안디옥 교회에는 하나님의 능력이 나타났습니다.

> **말씀 읽기** 　고전 2:4

생각 나누기

01 건강한 교회의 특징은 무엇이라 생각합니까?

02 왜 안디옥 교회는 오직 성령님의 인도에 따라 사역을 하려고 하였습니까?

03 성령님의 감동하심에 따라 사역할 때 어떤 역사가 일어납니까?

영성과 성장

chapter 37 **성장의 7가지 원리**

chapter 38 **성장의 흔적**

chapter 39 **예수님을 닮는 성장**

chapter 40 **영적 성장 원리**

chapter 41 **성장의 결과**

chapter 37
성장의 7가지 원리

성경 / 벧후 1:5-11(p.384)
찬송 / 407(통465), 341(통367)

마음 열기

한 학생이 자기 학교 총장님에게 규정된 과정보다 더 짧은 과정을 밟고 졸업할 수 없겠는가를 물었습니다. 총장님은 말씀하셨습니다.
"물론 가능하네. 그런데 그것은 자네가 무엇이 되기를 원하는가에 달려 있네. 하나님께서 나무를 키우기 원하신다면 백 년을 들이지만 호박을 키우기 원하신다면 육 개월 밖에 안 걸릴 테니 말일세."
실제로 성장에 지름길이란 없습니다. 유성은 자신을 태우면서 잠깐 동안만 빛납니다. 그러나 별은 그렇지 않습니다. 별은 지속적으로 빛을 낼 수 있기에 항해자들은 별에 의지하여 항해할 수 있었던 것입니다.

우리가 그리스도의 장성한 분량까지 자라기 위해 힘써야 할 덕목은 무엇일까요?

1. 믿음에 덕을

믿음은 하나님의 선물로서 성도들의 성숙의 출발점입니다. 덕의 의미는 도덕적인 탁월성을 의미합니다. 이것은 그리스도인들이 그리스도를 닮음으로 도덕적 탁월성을 배우게 되는 것을 의미합니다. 신앙은 도덕성을 갖추는 것을 최고의 목표로 하지 않습니다. 하지만 진정한 믿음을 갖게 되면 도덕성이 부수적으로 따르게 됩니다.

말씀 읽기 ▶ 마 5:16

2. 덕에 지식을

덕에는 지식이 있어야 합니다. 우리의 믿음 생활이 영적인 것이라고 하더라도 지성이 무시되어서는 안 됩니다. 이성적인 측면이 평가절하되어서는 안 됩니다. 신앙은 반이성이 아니라 초이성입니다. 지적으로 우리가 자라나야 합니다. 좋은 경건 서적을 읽는 것은 기도 못지않게 중요합니다. 지성 없는 신앙은 개인적인 신념으로 전락할 위험이 있습니다.

3. 지식에 절제를

지식에는 절제가 필요합니다. 절제는 신약성경에서 육체적 욕망의 지나친 방종에 반대되는 의미로 사용되었습니다. 우리가 기억해 할 할 것은 절제가 성령의 열매라는 사실입니다. 돈을 수입 이상으로 무분별하게 사용하는 성도들은 이 절제의 열매가 필요합니다. 우리 교회 생활에도 절제가 필요합니다. 많은 경우에 교회에서 문제가 생기는 것은 절제하지 못해서입니다.

4. 절제에 인내를

'인내'는 하나님을 신뢰하고 하나님의 약속이 성취되리라고 소망하는 가운데 고난과 악에 대항해 용기 있게 지속적으로 참는 것을 가리킵니다. 예수님이 보여 주신 생활을 통해서 인내의 본을 삼아야 합니다.

말씀 읽기 ▶ 히 10:36

5. 인내에 경건을

인내에는 경건이 필요합니다. 경건은 삶 속에서 하나님의 뜻대로 행하며 헌신하여 하나님의 성품에 참여하는 것을 가리킵니다. 기독교인으로 살아가면서도 온갖 육체적인 쾌락을 다 취한다면 인내가 필요 없습니다. 건강을 위해 다이어트를 하는 사람이 인내하는 사람입니다. 체중에 상관없이 먹는 사람들은 인내할 필요가 없습니다. 영적인 다이어트를 위해 인내해야 합니다.

6. 경건에 형제 우애를

또한 경건에는 형제 우애가 있어야 합니다. 하나님과의 관계가 올바르면 사람과의 관계도 올바르게 되어야 합니다. 하나님을 사랑한다고 하면서 형제를 미워하는 자가 있다면 결코 참된 믿음이라고 할 수 없습니다.

7. 형제 우애에는 사랑을

사랑은 모든 덕목 가운데 으뜸입니다(고전 13장). 사랑은 아들 예수 그리스도를 통해서 이 세상에 보여 주신 것으로 남을 위하여 자기 자신을 희생하는 행동을 의미합니다. 위의 모든 덕목은 예수 그리스도를 믿음으로 점진적으로 얻을 수 있습니다.

생각 나누기

01 우리가 그리스도의 장성한 분량까지 자라야 할 이유는 무엇입니까?

02 7가지 덕목 중 자신에게 부족하다고 느끼는 점은 무엇입니까?

03 왜 사랑을 모든 덕목 가운데 으뜸으로 여깁니까?

chapter **38**
성장의 흔적

성경 / 엡 4:13-16(p.313)
찬송 / 303(통403), 357(통397)

마음 열기

유대인들은 자녀 교육을 할 때 비전을 가르치며, 성서의 소년 다윗이 골리앗과 싸운 이야기를 이런 말로 표현한다고 합니다. "이스라엘 사람들은 공격하기에 골리앗이 너무 크다고 생각하였지만, 소년 다윗은 나의 돌팔매가 빗나가기에는 그가 너무 크다고 생각하였다." 보는 눈이 다릅니다. 거인을 무섭게만 생각하면 행동할 의욕조차 생기지 않습니다. 그러나 소년 다윗이 골리앗의 큰 몸집을 보고 오히려 도움이 된다고 생각된 것은 민족의 장래를 위해 높은 눈으로 그를 바라보았기 때문입니다. 영적 시각으로 보게 되면 위기가 도리어 기회로 보일 때가 많습니다.

우리의 신앙이 성장하고 있다는 사실을 어떻게 알 수 있을까요? 그 기준을 어떻게 잡을 수 있을까요? 에베소서 4:13-16은 바로 우리가 성숙하게 성장해 가는 증거가 무엇인지 분명하게 설명하고 있습니다.

1. 어린아이가 되지 않고 흔들리지 않는 것

우리가 성숙했다면 그 신앙은 흔들리지 않습니다. 순수함이란 측면에서는 어린아이를 닮아야 하지만, 성숙이란 측면에서는 어린아이 같아서는 안 됩니다. 말씀에 굳게 서서 참된 신앙의 진리를 깨닫지 못한다면 신앙적인 면에서 어린아이와 같다고 할 수 있습니다. 우리는 오직 말씀 안에 굳게 서서 모든 판단과 행동을 진리 되신 예수님 안에서 행하여야 할 것입니다.

말씀 읽기 고전 3:1-3

2. 사랑 안에서 참된 일을 하는 것

우리는 생각도, 말도, 행동도, 사랑 가운데에서 행하여야 합니다. 성숙한 자에게는 사랑이 있습니다. 연약한 자를 볼 때 측은하게 보는 마음이 있습니다. 신앙 생활 하지 못하는 남편을 위해 측은한 마음을 잃지 않습니다. 자신을 핍박하고 어렵게 하는 사람들을 위해 기도하려고 노력합니다. 아직 복음을 모르고 소망 없이 살아가는 사람들을 보면 자신의 옛날 모습 같아 전도하게 됩니다. 교회에 어려움이 생기면 자신이 어려움을 당하는 같아 마음이 아픕니다. 바로 이런 것이 성장하고 있다는 흔적입니다.

말씀 읽기 고전 13:4-7

3. 교인들이 하나됨으로 서로 협력하는 모습

서로가 자기중심적인 생각을 버리고 이타적이 되어야만 협력할 수 있습니다. 그것이 바로 하나됨입니다. 영적으로 내가 저 사람보다 더 낮다고 생각하면 협력하기 어렵습니다. 사명으로 주어진 일들을 나홀로 해내기 위해 애쓰는 것이 아니라 주님의 일로 여기며 협력하여 한마음으로 이루어 가는 것, 그것이 바로 성장의 증거입니다.

세상은 결과를 성장의 증거로 삼습니다. 하지만 주님의 나라는 그렇지 않습니다. 성도와 성도가 서로 협력하는 모습이야말로 성장의 증거입니다. 하지만 이와 같은 협력은 쉽지 않습니다. 우리 힘만으로는 부족합니다. 주님을 의지하며 주님의 사랑으로 협력해야 합니다. 우리가 함께 노력하고, 함께 나누며, 함께 성장할 때 그것이 바로 온전한 성장이요, 균형 있는 성장인 동시에, 예수 그리스도의 장성한 분량에 이르는 귀한 성장이 됩니다.

말씀 읽기 요 17:22-23

생각 나누기

01 우리는 무엇을 통해 우리가 믿음 안에서 성장하고 있다는 사실을 알 수 있습니까?

02 사랑 가운데 참되게 행동하는 것은 무엇을 의미합니까?

03 하나됨이 필요한 일이 우리 주위 어디에 있는지 서로 나누어 봅시다.

chapter 39
예수님을 닮는 성장

성경 / 롬 8:26-39(p.250)
찬송 / 421(통210), 425(통217)

마음 열기

아주 노련하고 존경받는 수도사 한 사람이 교만한 젊은 수도사의 교육을 시작했습니다. 아주 딱딱한 흙을 만지면서 젊은 수도사에게 "여보게, 여기 물을 좀 붓지"라고 말했습니다. 그래서 젊은 수도사는 물을 부었습니다. 그런데 딱딱한 흙이라서 그냥 옆으로 흘러내리고 맙니다. 노련한 수도사는 "이 딱딱한 흙은 물을 받지 못하네"라고 말하면서 옆에 있는 망치를 집어 들더니 그 딱딱한 흙덩이를 부수기 시작했습니다. 그런 후에 다시 물을 부어 보라고 했습니다. 젊은 수도사가 부드러워진 그 흙 속에 물을 붓자 그 물이 흙으로 스며들었습니다. 늙은 수도사는 웃으면서 말했습니다. "여기다가 씨를 뿌리면 틀림없이 꽃을 피우고 열매를 맺을 것이야. 수도하는 사람들은 이것을 깨어짐의 법칙이라고 말하지."

구원받은 사람이라면 누구든지 일생을 살아가면서 점점 예수 그리스도를 닮아갑니다. 그것이 바로 그리스도인의 성장입니다. 우리는 점점 성장할수록 자유를 누립니다. 이 자유는 그만큼 우리가 성숙하다는 표시이기도 합니다.

1. 성령의 도움으로 예수님을 닮아감

"이와 같이 성령도 우리 연약함을 도우시나니"(26절)라고 하였습니다. 성령님의 도움 없이는 성장할 수 없습니다. 믿음으로 말미암아 하나님의 자녀가 되었고 영원한 생명을 받는 순간부터 성령님의 도우심을 받아야 합니다. 성령님이 채워 주시고 도와주셔야만 우리가 성장하고 예수 그리스도를 닮을 수 있습니다. 우리는 아직 죄성이 있고, 잘못된 습관들도 남아 있습니다. 성장을 위해 성령의 도움이 필요합니다. 성령님은 사람을 변화시키는 전문가이십니다. 이분은 우리를 도울 모든 능력을 갖추셨습니다. 우리의 변화를 위해서는 어떤 능력도 베푸실 수 있습니다. 이분은 우리를 위해 하루 24시간, 일 년 365일 준비되어 계십니다. 성령님은 우리 안에 살아계십니다. 그러므로 우리의 연약함을 성령께 고하고 도움을 청해야 합니다.

말씀 읽기 ▶ 고전 2:10-16

2. 지속적인 성장

우리는 고난을 통해 더 큰 영적 성장을 이루게 됩니다. 고난이 우리를 멸망시킬 수 없습니다. 고난 중에 우리는 낙담할 수는 있지만 이

고난은 우리의 성장을 촉진하게 합니다.

성경은 "하나님을 사랑하는 자 곧 그 뜻대로 부르심을 입은 자들에게는 모든 것이 합력하여 선을 이루느니라"(28절)고 하였습니다. 하나님은 우리를 위해 어려운 환경을 활용하여 금과 같이 단련된 믿음을 주신다. 우리는 어떠한 상황에서도 예수 그리스도를 닮아가는 사람들이 되어야 합니다. 우리에게 있는 고난과 환난을 통과하고 나면 오히려 우리의 모습은 더욱 예수님을 닮아 있게 될 것입니다.

말씀 읽기 ▶ 빌 3:10-15

3. 구원의 궁극적 목적, 예수 그리스도를 닮는 것

성경은 "하나님이 미리 아신 자들로 또한 그 아들의 형상을 본받게 하기 위하여 미리 정하셨으니 이는 그로 많은 형제 중에서 맏아들이 되게 하려 하심이니라. 또 미리 정하신 그들을 또한 부르시고 부르신 그들을 또한 의롭다 하시고 의롭다 하신 그들을 또한 영화롭게 하셨느니라"(29-30절)고 하였습니다. 우리가 영화롭게 된다는 것은 무슨 의미입니까? 그것은 바로 예수님을 닮게 된다는 의미입니다. 예수님을 완전하게 닮은 모습이 바로 영화롭게 된 모습입니다. 나는 죄성이 남아 있고, 부족하며, 연약하고, 하나님 앞에 범죄한 인간이지만 하나님은 나를 영원 전부터 사랑하시고 예정하셨습니다. 그 예정의 목적이 그 아들의 형상을 본받게 하는 것입니다. 즉 신앙생활에서 최고의 목표는 예수님을 닮는 것입니다.

말씀 읽기 ▶ 롬 6:5-9

생각 나누기

01 예수님을 닮아 간다는 것은 무엇을 의미합니까?

02 우리의 성장과 고난의 관계는 어떠합니까?

03 우리 구원의 궁극적인 목표는 무엇입니까?

chapter **40**

영적 성장 원리

성경 / 벧전 2:1-2(p.378)
찬송 / 421(통210), 540(통219)

> **마음 열기**

어느 날 시골 고양이 한 마리가 런던을 방문하였습니다. 의기양양하게 돌아오는 고양이에게 한 사람이 물었습니다. "너 어디 갔다 오니?" "예, 저는 여왕을 만나러 런던에 갔다 오는 길입니다." 다시 물었습니다. "거기서 무엇을 보았니?" "예, 저는 여왕의 의자 밑에 있는 맛있는 생쥐를 보았습니다." 대단히 풍자적인 이야기입니다. 고양이는 런던에 그 아름다운 왕궁에 가서 엘리자벳 여왕이나 찬란한 궁궐의 아름다운 역사적인 사적을 본 것이 아니라, 겨우 여왕의 의자 밑에 기어 다니는 생쥐를 본 것입니다. 우리 가운데도 아름다운 것을 보려하지 않고 오직 어두운 구석만 찾는 자들이 있습니다.

1. 영적 성장을 위해 버려라.

성도들이 영적으로 성장하지 못하는 이유가 여기에 나타납니다. "모든 악독과 모든 궤휼과 외식과 시기와 모든 비방하는 말을 버리고" 첫 번째 열거된 것이 악독입니다. 이것은 단순한 '악의'와는 다른 것으로 남을 해하려는 무자비한 모든 악을 의미합니다. 남을 해하려는 마음이 우리 안에 있다면 우리의 영적 성장이 저해됩니다. 궤휼은 '미끼로 끌어들이다'라는 의미인데 간교하게 속이는 것을 의미합니다. 궤휼의 요소 때문에 우리가 영적인 정직성이 성장을 못하고 있다는 것입니다.

다음에 외식의 요소입니다. 이 외식은 안과 밖이 다른 상태를 나타냅니다. 속과 겉이 같지 않다는 것으로, 곧 가면을 말합니다. 다음은 시기심입니다. 시기는 샘내며 미워하는 것을 말합니다. 자기 우월감에서 나오는 행동으로 타인이 잘 되는 것을 방해하는 죄악을 의미합니다. 비방은 남을 향해 무고히 '중상 모략'하거나, 악담을 하는 것을 의미합니다. 비방하기 위해 이 집 저 집을 찾아다니며 근거 없는 말을 지어내는 것입니다.

하루는 주인이 이솝의 슬기로움을 시험하기 위해 다음과 같은 질문을 하였다고 합니다. "세상에서 제일 귀하고 좋은 것이 무엇이냐?" 이솝은 대답하기를 "사람의 혀"라고 하였습니다. 왜냐하면 혀는 진리와 이성을 표현할 수 있기 때문입니다. 주인은 다시 물었습니다. "세상에서 제일 나쁜 것은 무엇이라고 생각하느냐?" 이솝은 "사람의 혀"라고 대답했습니다. 왜냐하면 혀는 남을 중상하고 모략하는 도구로 사용할 수 있기 때문입니다. 우리는 이런 습관들을 제거해야만 영적으로 성장할 수 있습니다.

말씀 읽기 ▶ 잠 14:30

2. 영적 성장을 위해 신령한 젖을 사모하라.

순전하고 신령한 젖을 사모해야 합니다. 여기서 젖은 하나님의 말씀입니다. 영적인 유아가 자라기 위해 젖을 먹어야 하듯이 성도들은 하나님 말씀의 젖을 먹고 자랍니다. 말씀은 진리입니다. 우리가 읽는 신문과 소설에서는 영원한 진리를 발견하지 못합니다. 수십 페이지의 신문이 하루만 지나면 역사가 되어 버립니다. 그 많은 어제의 정보가 오늘에는 한 장의 종이 조각으로 변합니다. 이 세상에 지식은 많아도 진리는 찾기 어렵습니다. 무엇이 진리입니까? 영원토록 변하지 않는 것입니다. 하나님의 말씀인 성경만이 상황에 따라 변하지 않습니다. 이 진리의 말씀을 먹어야 영적으로 정직하게 성장할 수 있습니다. 또 하나님의 말씀은 의의 말씀이라고 하였습니다. 하나님의 말씀 그 자체는 의로움 그 자체입니다.

무디가 거듭난 후 하나님 앞에서 온전하게 살기로 서약하면서도 늘 넘어졌습니다. 이래서는 안 되겠다고 생각한 무디는 산으로 들어가서 기도를 했습니다. 기도 중에 그는 하늘의 신령한 은혜를 체험했습니다. "아, 이제 됐다!"라고 생각한 무디가 산에서 내려 왔지만 그 은혜는 한 달이 지나자 사라져 버렸습니다. '아하, 혼자는 안 되겠구나! 유명한 부흥 목사님으로부터 은혜를 받아야겠다'고 생각한 무디는 부흥집회마다 쫓아다녔습니다. 그러다 은혜를 체험했습니다. 그러고 한두 주일이 지나고 나니 또 비참한 자기를 보게 되었습니다. 그래서 무디는 스스로 탄식하기를 "나는 화인 맞은 양심인가보다."라고 하였습니다. 이렇게 스스로를 저주하며 혐오하던 무디는 어느 날 문득 성경을 펴 로마서 13장 17절을 읽었습니다. "그러므로 믿음은 들음에서 나며 들음은 그리스도의 말씀으로 말미암았느니라" 그 후로 무디는 말씀을 읽기 시작했습니다. 그해부터 무디는 위대한 무디로 변하기 시작했습니다. 지속적으로 말씀을 읽고 묵상하는 삶이 있어야 합니다.

말씀 읽기 시 119:14

생각 나누기

01 우리는 영적 성장을 위해 무엇을 버려야 합니까?

02 우리는 영적 성장을 위해 무엇을 사모해야 합니까?

03 영원토록 변하지 않는 진리는 무엇입니까?

chapter 41
성장의 결과

성경 / 벧후 1:8-11(p.384)
찬송 / 191(통427), 549(통431)

마음 열기

조이너(L, goyner)가 지은 책, 『성장 그리고, 성장』이란 글에 이런 내용이 있습니다. 한 여인이 동산에 올라 떨어지는 낙조를 보면서 그녀의 아버지께 물었습니다. "아빠, 제가 성장한 증거가 있나요?" 아버지는 "무척 성장했지! 어린 시절에는 내게 묻기를 나를 위해서 무엇을 해 주시겠어요? 라고 했는데 지금은 아빠! 제가 아빠를 위해서 무엇을 해 드릴까요? 라고 하고 있잖니. 이것이 바로 너의 성장의 증거야."라고 하셨습니다. 우리 역시 "주님, 제가 주님을 위해 무엇을 해 드릴까요?"라고 묻는다면 그것이 성장의 증거라고 말할 수 있을 것입니다.

우리가 신앙 생활을 하면서 이루어야 할 가장 중요한 핵심은 신앙 성장입니다. 그렇다면 신앙이 성장할 때 우리는 어떤 좋은 결과를 얻을 수 있을까요?

1. 열매 맺는 삶(8절)

열매를 맺는 사람으로, 진정한 만족이 있는 삶을 살게 됩니다. 우리가 성장하게 되면 세상을 바라보는 관점이 달라지게 됩니다. 옛날의 죄악의 습관이 얼마나 공허한지 깨닫고 버리며 생명력 있는 참된 삶을 바라보게 됩니다. 신앙을 모르고 살았던 삭개오는 비록 부자였지만 만족함이 없었습니다. 그는 겉으로 표현하지는 않았지만 동족의 피를 먹고 살아가는 자신이 부끄러웠습니다. 양심은 밤마다 자신을 향해 손가락질 했습니다. 좋은 옷을 입고 좋은 집에 살아도 그는 행복하지 못했습니다. 하지만 예수님을 만나 영접한 후 그는 변하기 시작하였습니다. 그는 가난한 이들을 위해서 죄악된 것들을 벗어 버렸습니다. 그러자 그에게 참된 기쁨이 생겨났습니다. 예수님을 알면 알수록, 우리의 신앙이 성장하면 할수록 영적 기쁨이 커지게 됩니다.

말씀 읽기 ▶ 눅 19:8

2. 실족하지 않는 삶(10절)

많은 기독교인이 처음에 신앙 생활을 잘하겠다고 다짐하지만 실족하여 신앙의 길을 떠나 버리곤 합니다. 이 세상이 믿음으로 살려고 하는 사람들을 가만히 두지 않기 때문입니다. 우리가 보는 것은 우리가 믿는 것과 정반대로 될 때가 많습니다. 이 세상은 여전히 악인이 더 잘 사는 것 같습니다. 믿음이 없는 사람들이 더 잘살고 있습니다. 말씀대로 순수하게 살아가는 사람들의 영적 정절과 신앙의 순결은 적당히 사는 사람들의 비웃음거리가 되고 있습니다. 우리의 기도는 응답되지 않는 것 같습니다. 이런 환경 속에서 많은 신앙인은 믿음의 길을 접고 편안한 세속의 삶으로 돌아가게 됩니다. 어떤 신앙인은 부모님의 신앙 영향으로 비록 교회를 다니지만 마음으로는 세상의 부요함 속에 적당히 살아갑니다. 세속의 유혹을 이기며 실족하지 않고 살 수 있는 길은 무엇입니까? 그것은 바로 영적 성숙에 있습니다. 영적으로 장성한 사람이 되어야 세상 물결에 휩쓸리지 않습니다. 어린아이의 신앙은 자주 유혹에 휩쓸립니다. 어른이 되면 크고 작은 유혹들을 이길 수 있습니다. 어린아이들은 '영적인 꾸물거림'이 많습니다. 어린아이들은 작은 인형 하나에도 정신을 빼앗기기 때문입니다. 어른이 되면 해야 할 일이 무엇인지 분명한 인식을 하고 있습니다. 이것이 차이점입니다. 성숙은 우리가 목표를 알고 행하게 하며 이를 향해 계속 전진하게 합니다.

말씀 읽기 ▶ 눅 21:34

3. 영원한 하나님 나라(11절)

"영원한 나라에 들어감을 넉넉히 너희에게 주시리라" 우리가 원하는 바가 바로 이것입니다. 우리의 소망은 천국입니다. 하나님이 다스리시는 나라에 사는 것입니다. 지금 내가 가지고 있는 소망은 진정한 소망이 아닙니다. 가장 큰 소망이 될 수 없습니다. 왜냐하면 영원한 하나님 나라의 선물이 더 크고 위대하기 때문입니다. 천국에

초청받은 사람이라고 해서 모두 다 천국문을 통과하는 것은 아닙니다. 최후로 문을 통과하는 사람에게 천국이 주어집니다. 영적 성숙은 우리를 하나님의 나라, 나의 본향으로 인도합니다.

말씀 읽기 딤후 4:18

생각 나누기

01   열매 맺는 삶을 살기 위해 어떻게 해야 합니까?

02   우리가 실족하지 않고 영적인 꾸물거림을 벗어날 수 있는 좋은 방편은 무엇입니까?

03   영원한 나라, 천국을 소망하는 우리는 오늘 어떠한 삶을 살아야 하겠습니까?

사명과 감당

chapter 42　**자신의 사명을 발견하라**

chapter 43　**세례 요한의 사명**

chapter 44　**교회 일꾼의 사명**

chapter 45　**예수님의 사명이 나의 사명**

chapter 46　**영광을 돌리는 사명**

chapter 42
자신의 사명을 발견하라

성경 / 행 20:22-24(p.223)
찬송 / 211(통346), 321(통351)

> **마음 열기**

1840년, 리빙스턴은 남아프리카에 파견되었습니다. 전도와 의료를 겸하면서 아프리카 각지를 탐험하기 시작했고 탐험을 계속하는 동안 몇 번이나 죽을 고비를 넘겼습니다. 1871년에는 열병에 걸려 사경을 헤맸는데, 다행히 스탠리의 수색 탐험대를 만나 구출되었습니다. 이외에도 죽음의 고비를 여러 번 만났는데 그때마다 구사일생으로 살아났습니다. 리빙스턴은 자신의 경험으로 "사람은 자기 사명이 끝나기 전에는 결코 죽지 않는다"라는 신념을 갖게 되었습니다. 그는 이 신념을 가지고 계속 탐험과 선교를 강행하였습니다.

기독교인은 세 번 태어나야 합니다. 첫 번째는 부모님에게, 두 번째는 영혼의 거듭남으로, 마지막 세 번째는 사명으로 태어나야 합니다. 바울은 자신의 사명이 무엇인지 분명히 알았습니다. 예루살렘에 올라가면 어떤 일이 일어나리라는 것을 알고 있었습니다. 그럼에도 불구하고 은혜의 복음 증거 하는 일이 너무나 중요하기 때문에 자신의 생명까지도 귀한 것으로 여기지 않겠다는 결의로 가득 찼습니다. 바울에게 있어 자기의 생명보다 더 중요한 것은 사명이었습니다. 바울이야말로 사명에 살고 사명에 죽는 사람이었습니다. 우리에게도 사명이 있습니다. 그렇다면 그 사명을 어떻게 알 수 있습니까?

1. 사명 발견

바울은 자신의 사명이 무엇인지 알았고 그것을 푯대로 삼아 살아갔습니다. 모세는 이스라엘 백성을 출애굽 하는 데 부름을 받았고, 여호수아는 가나안 땅으로 인도하는 데 부름을 받았으며, 에스더는 민족을 구원하는 데 부름을 받았습니다. 성경의 인물을 보면 모두 자기 자신에게 주어진 하나님의 사명을 감당하였습니다. 우리의 행복은 사명을 깨닫고 그것을 향해 달려가는 삶이라 할 수 있습니다.

말씀 읽기 수 1:1-9

2. 재능과 은사

구약의 모세는 애굽의 궁중에서 자라났기 때문에 하나님은 그를 이스라엘 백성을 출애굽 하는 데 사용하셨습니다. 신약에서 바울은 특별히 이방인들에게 복음을 전하는 능력이 있었습니다. 진리를 모르고 살아가는 사람, 복음을 핍박하는 사람들에게 특별한 관심을 가지고 있었습니다. 사도 바울은 지식이 많은 사람이었습니다. 가말리엘 제자였고, 당시에 흔치 않은 로마 시민권을 가진 자였습니다. 그는 이것으로 효과적으로 복음을 전할 수 있었습니다. 하나님께서 우리에게 주신 은사가 있다면 이것은 사명과 관련될 수 있습니다. 하나님께서 우리에게 주신 재능과 은사는 하나님의 뜻을 이루기 위한 사명으로 주신 것입니다. 그러므로 내가 가지고 있는 남다른 재능이 무엇인가를 발견해야 합니다.

말씀 읽기 시 105:4

3. 인생의 아픔을 통해 사명 발견

인생의 아픔을 통해 같은 고통을 가진 다른 사람을 도울 수 있습니다. 예수님은 인간의 당하는 모든 고통을 다 당하셨습니다. 그래서 예수님은 우리의 연약함을 이해할 수 있으셨습니다. 고통과 어려움이 우리에게 다가올 때, 바로 그 고통과 어려움이 있는 자들을 이해하게 됩니다. 그들에게 다가가고 그들 영혼을 불쌍히 여기게 됩니다. 전도하는 사람들은 불신자들의 고통과 어려움, 죄악 속에서 방황하는 것, 힘들고 어렵고 지친 그들의 모습을 아는 자입니다. 미국에 뮤랜이란 목사님은 정신적인 장애가 있었습니다. 그는 이것을 극복하기 위해 많은 시간을 보냈습니다. 극복하기 위한 많은 고통이 있었습니다. 하지만 그는 이것을 통해 정신적인 어려움과 싸우고 있는 많은 사람을 이해하게 되었습니다. 그리하여 그가 섬기는 교회는 마약중독과 싸우는 사람들, 우울증과 싸우는 사람들, 조울

증과 싸우는 사람들, 화를 절제하지 못하는 사람들을 도울 수 있었습니다.

말씀 읽기 히 4:15

생각 나누기

01 하나님께 받은 사명이 무엇인지 서로 나누어 봅시다.

02 우리가 갖고 있는 재능과 은사를 어떻게 주님을 위해 사용할 수 있는지 나누어 봅시다.

03 아픔을 통해 다른 사람을 이해하게 된 경험이 있는지 나누어 봅시다.

chapter 43
세례 요한의 사명

성경 / 마 3:1-4(p.3)
찬송 / 309(통409), 549(통431)

> **마음 열기**

예배를 드리고 막 교회를 나오는데 가난한 할머니가 기쁜 얼굴을 하고 꽃을 팔고 있었습니다. 할머니의 모습이 너무 궁금했던 목사님은 왜 기쁜 얼굴로 꽃을 팔고 있는지 물어 보았습니다. 그러자 할머니가 대답하였습니다.
"저는 이 나이만큼 살면서 고통스럽고 가슴 아픈 일을 많이 겪었습니다. 그럴 때마다 저는 예수님을 생각합니다. 십자가를 지는 고통의 금요일은 끝이 아닙니다. 사흘만 있으면 부활의 새벽이 오게 됩니다. 그래서 저는 괴로울 때면 사흘만 기다리라고 혼자 말합니다."
우리 삶에도 많은 기다림이 있습니다. 젊은이는 차를 운전할 수 있을 때까지, 의학도는 졸업증서를 받을 때까지, 직장인은 승진 때까지 기다려야 합니다. 이처럼 기독교인은 응답을 기다릴 수 있어야 합니다.

광야에서 외치는 소리로 존귀한 삶을 살다가 간 요한의 사명이 무엇이었을까요?

1. 회개의 사명

세례 요한은 아주 간결하게 "회개하라 천국이 가까왔느니라"고 외쳤습니다. 이것은 당시 이방인이 아닌 유대인들에게 선포한 것입니다. 당시 유대인들은 하나님의 특별한 백성이라는 자부심이 대단했습니다. 이런 선포는 현대적 의미로 생각하면 예수님을 잘 믿는다고 생각하는 사람에게 회개하고 예수님을 바로 믿으라고 말하는 것과 같습니다. 세례 요한이 외쳤던 진정한 회개는 지금 이 시대에도 필요합니다. 하나님의 나라를 준비하기 위해 진정한 회개가 있어야 합니다. 요한이 보았던 예수 그리스도는 초림 때와 다른 심판주로 다시 오십니다. 우리는 이 약속의 말씀을 소망하며 이웃을 향해 진정한 회개를 외치며 하나님의 나라가 임했음을 알려야 합니다.

말씀 읽기 마 11:12

2. 대로를 평탄케 하는 사명

세례 요한은 이사야 40:3의 예언을 인용하여 "광야에 외치는 자의 소리가 있어 가로되 너희는 주의 길을 예비하라, 그의 첩경을 평탄케 하라 하였느니라"고 하였습니다. 옛날 사극을 보면 임금이나 지체 높은 대감이 행차할 때 그 앞에서 "워이! 물렀거라! 상감마마 행차시다"하며 길을 예비하는 사람이 있습니다. 이 사람은 모든 백성에게 임금에게 경의를 표하도록 미리 알려 주는 역할을 합니다. 임금의 오심을 준비하는 것입니다. 세례 요한은 예수님이 나타나시도록 미리 길을 앞서가 준비하는 사명을 다했습니다. 우리도 광야 같은 영적 현실 속에서 주님의 나라가 나의 주위에 사람들에게 임하도록 주님의 길을 예배하는 일을 해야 합니다. 주님이 우리 나라와 가정에 임하도록 길을 닦아야 합니다. 주님이 나의 직장에 임하도록 길을 닦아야 합니다. 하나님의 나라가 우리 교회에 임하도록 준비해야 합니다. 주님의 다스림이 우리 구역에도 강하게 역사하도록 준비해야 합니다.

말씀 읽기 마 11:11

3. 경건한 삶의 소명

세례 요한이 살았던 그 당시에 약대 옷과 메뚜기와 석청은 예언자들의 경건한 삶을 의미하는 것이었습니다. 세례 요한이 입었던 약대 옷은 그 당시에 가장 싼 값에 구할 수 있는 흔한 옷이었습니다. 당시 제사장이 입는 예복은 가슴에 12개의 보석을 달고 양어깨에 2개의 보석을 붙이는 등 값비싼 옷이었습니다. 세례 요한은 제사장의 반열에 속해 있으면서도 값싼 옷을 입었습니다. 세례 요한이 먹었던 메뚜기는 광야에서 흔한 음식이었고 석청은 광야 바위틈이나 바위 밑에서 흔하게 구할 수 있는 야생 꿀이었습니다. 세례 요한의 복장과 음식을 볼 때 그가 검소하고 청빈하게 살았음을 알 수 있습니다. 우리가 '주님의 길을 예비하는 사명'을 감당하기 위해서는 무거운 것들을 벗어 버려야 합니다. 무거운 짐들이 주님의 길을 예비하는 사명을 감당하는 데 방해가 될 수 있습니다.

말씀 읽기 히 12:1

생각 나누기

01   우리가 삶 속에서 복음을 전할 수 있는 방법은 무엇입니까?

02   우리 주위에서 주님이 임하도록 예비하는 방법은 무엇입니까?

03   주님의 길을 예비하기 위해 벗어야 하는 무거운 짐은 무엇입니까?

chapter 44
교회 일꾼의 사명

성경 / 골 1:24-29(p.325)
찬송 / 348(통388), 336(통383)

마음 열기

나폴레옹은 전 유럽을 그의 손아귀에 쥐었지만 영국은 점령하지 못했습니다. 그것은 자기의 책임을 다한 넬슨 제독이 있었기 때문입니다. 1805년 스페인의 트라팔가 해협에서 해전이 벌어졌습니다. 트라팔가 해협에서 치열한 해전이 일어나기 30분 전에 그가 타고 있던 빅토리아호의 돛대 위에 "영국은 그대들 모두가 스스로의 의무를 다할 것을 기대하고 있다."는 글을 높이 달았습니다. 그러나 애석하게도 그는 이 해전에서 가슴과 어깨에 관통상을 입었습니다. 그를 간호하던 군의관이 고개를 좌우로 흔들자 넬슨 제독은 "하나님, 감사합니다. 저는 제 임무를 다했습니다."라는 말을 남기고 고요히 숨을 거두었습니다. 그는 자신에게 주어진 임무가 있었다는 것을 숨지면서도 잊지 않았던 것입니다. 우리 모두에게 하나님이 맡기신 사명이 있습니다.

사도 바울은 교회의 일꾼으로서 본을 보였습니다. 교회를 위해 일하는 성도들의 참 모습을 바울을 통해 보게 됩니다. 교회 일꾼은 하나님의 비밀을 맡은 자로서 해야 할 사명이 있습니다. 그러면 하나님의 일꾼의 사명은 무엇입니까?

1. 교회를 위해 수고하는 사명(24절)

"이제 너희를 위하여 받는 괴로움을 기뻐하고 그리스도의 남은 고난을 그의 몸 된 교회를 위하여 내 육체에 채우노라"라고 했습니다. 교회 일꾼으로서의 사명은 교회를 위하여 칭찬과 인정뿐 아니라 고난도 받을 수 있어야 합니다. 교회가 영적으로 성장하고 부흥하기 위해서는 누군가 대가를 지불해야 합니다. 그리스도를 위하여, 몸 된 교회를 위하여 수고하는 자가 많을수록 부흥합니다. 합심해서 기도하는 수고, 그리고 연약한 사람들을 위해 기도하고 돕는 수고, 주일학교와 성가대에서 봉사하는 수고, 땀 흘려 열심히 일하고 전도하는 수고, 주의 전을 돌아보며 청소하는 수고가 있어야 합니다. 이런 성도가 많은 교회가 부흥합니다. 교회를 위해 받는 고난, 교회를 위해 하는 수고, 눈물, 땀은 주님 나라를 이루어가는 중요한 재료가 됩니다. 주님을 위한 고난과 수고가 클수록 기쁨과 은혜도 클 것이며 그 영광도 클 것입니다.

말씀 읽기 고전 15:58

2. 말씀을 성취하는 사명(25. 28절)

'이루려'는 이란 단어는 전달한다는 뜻으로, 하나님께서 하나님의 말씀으로 교회 일꾼들을 통해서 이루어 가신다는 의미입니다. 성경의 모든 예언의 말씀을 일꾼들을 통해 성취하시기를 원하십니다. 이 세상의 역사는 인류를 구원하는 구속의 역사입니다. 구속의 역사란 예수 그리스도의 구원의 역사를 말합니다. 예수 그리스도의 구원의 역사는 교회를 통해서 이루어 가십니다. 지금도 예수 그리스도의 구속의 역사를 교회의 일꾼들을 통해 이루어 가십니다. 그러므로 교회 일꾼의 사명은 위대합니다. 구약 시대의 교회 일꾼들인 모세나 선지자들도 하나님의 말씀을 이루는 일꾼들이었습니다. 신약에 와서는 세례 요한을 비롯한 주님의 사도들과 여러 성도들이 말씀을 이루는 일꾼들이었습니다. 오늘날도 교회를 통해 우리 성도들을 통해서 그 일들을 계속 이어 가기를 원하십니다.

말씀 읽기 ▶ 딤후 4:2

3. 능력의 역사를 따라 힘쓰는 사명(29절)

교회의 일꾼은 하나님의 능력을 힘입어 일하는 사람입니다. 주님을 세 번씩이나 부인했던 베드로가 담대한 일꾼이 된 것도 핍박자 사울이 전도자 바울이 된 것도 모두 성령의 능력을 힘입었기 때문입니다. 우리에게는 이미 불러 주셔서 성도로 삼으신 그 능력이 있습니다. 그러므로 교회의 일꾼은 그 능력을 힘입기 위해, 찾기 위해 기도해야 합니다. 일꾼이 먼저 은혜를 받아야 합니다. 그래야 열심히 수고하고 봉사할 수 있습니다.

말씀 읽기 계 2: 10

생각 나누기

01 교회를 위한 그리스도 일꾼의 사명은 무엇입니까?

02 주님은 구원의 역사를 무엇을 통해 이루십니까?

03 우리가 주님의 일꾼으로서 먼저 받아야 할 것은 무엇입니까?

chapter 45
예수님의 사명이 나의 사명

성경 / 요 4:34(p.148)
찬송 / 336(통383), 337(통363)

마음 열기

매튜 폭스라의 글에 이런 말이 있습니다.

"게으름을 치유하는 처방은 부지런함이 아니다. 게으름을 치료하는 처방은 단순히 부지런해지자라는 결심만으로 되지 않는다."

그는 이렇게 말합니다.

"게으름에 가장 적절하고 유일한 처방은 당신 안에 있는 불꽃을 발견하는 것이다(Finding the fire within)."

게으름의 처방은 우리 안에 있는 불꽃을 발견하는 것입니다. 그는 바로 이 소명을 불꽃이라고 말합니다. 사람이 소명을 발견하면 신바람이 나서 일할 수밖에 없습니다. 다만 소명 없는 것이 문제입니다.

예수님은 세상의 모든 관심과 재미를 뒤로 하고 사명의 길을 따라 가셨습니다. 우리 각자의 사명은 다릅니다. 각자의 사명에서 어떤 사람의 사명은 소중하고 어떤 사람의 사명은 덜 소중하다고 할 수 없습니다. 모든 사명이 소중합니다. 중요한 것은 사명을 따라 사는 삶입니다. 우리는 예수님의 삶을 통해 그분의 사명을 보아야 합니다. 또한 그분의 사명이 곧 나의 사명임을 알아야 합니다.

1. 예수님은 복음 전하는 일을 하셨다.

마가복음 1:38에 예수님은 어디를 가든지 회개하라는 천국 복음을 전파하셨음을 볼 수 있습니다. 예수님은 이 일을 위해 오셨기 때문에 모든 일의 우선 순위를 복음에 맞추셨습니다. 복음은 예수님의 일이었습니다. 다른 일도 중요하지만 예수님께 복음보다 중요한 일은 없었습니다. 그래서 어디를 가시든지 복음을 전하셨습니다. 주님은 이 일을 위해서 이 땅에 태어나셨고, 이 일을 위해서 사셨으며, 이 사명을 감당하시다 십자가에 달려 죽으셨습니다. 우리도 이 일을 위해 이 땅에 왔고, 살게 하셨으며, 이 일을 위해 우리를 부르셨습니다. 지금 주님께서 우리에게 어떤 말씀을 주십니까? 마태복음 28:18-20에서 주님은 승천하시기 전에 "하늘과 땅의 모든 권세를 내게 주셨으니 그러므로 너희는 가서 모든 족속으로 제자를 삼아 아버지와 아들과 성령의 이름으로 세례를 주고 내가 너희에게 분부한 모든 것을 가르쳐 지키게 하라"고 마치 유언처럼 말씀하셨습니다. 이것이 우리의 사명입니다.

말씀 읽기 ▶ 마 4:19

2. 예수님은 섬기는 일을 하셨다.

마가복음 10:45에서 예수님은 우리를 구원하러 오셔서 복음을 전해 주시고 동시에 섬기는 일을 하셨음을 보여 주셨습니다. 예수님은 병든 자도 고쳐 주셨고, 귀신들린 자도 낫게 해 주셨으며, 소외받고 버림받은 사람들을 돌봐 주셨고, 배고픈 자들을 먹이시기도 하셨다. 주님은 자신의 목숨을 대속물로 주시기까지 섬기셨습니다. 예수님은 이 일을 위해 오셨다고까지 말씀하셨습니다. 주님은 가정에 있을 때도 회당에서도 거리에서도 섬기셨습니다. 예수님은 오늘 우리도 이런 삶을 살기 원하십니다. 이것이 우리의 사명입니다.

말씀 읽기 ▶ 요 13:13-15

3. 주님은 십자가를 사명으로 아셨다.

주님은 십자가를 지기위해 골고다 언덕을 향해 걸어가셨습니다. 예수님이 가신 길에는 십자가가 있었습니다. 그러나 이 십자가를 지는 것마저도 주님의 사명이었습니다. 마태복음 16:24에 주님은 "아무든지 나를 따라 오려거든 자기를 부인하고 자기 십자가를 지고 나를 좇을 것이니라"라고 하셨습니다. 십자가를 지는 것이 우리의 사명인 줄 알아야 합니다. 이 십자가를 버리지 않고 끝까지 지는 사람이 사명자입니다. 이 십자가를 짊어지는 것이, 우리 주님이 걸어가셨던 그 길을 걷는 것이요, 하나님을 기쁘시게 하는 길이 됩니다.

말씀 읽기 ▶ 마 16:23

생각 나누기

01 우리가 주님께 받은 사명은 무엇입니까?

02 우리가 실천할 수 있는 예수님의 섬김은 무엇입니까?

03 내가 지고 가야 할 십자가가 무엇인지 나누어 봅시다.

chapter 46
영광을 돌리는 사명

성경 / 요 17:1-5 (p.177)
찬송 / 191(통427), 405(통458)

마음 열기

'최후의 만찬' 그림에는 잘 알려지지 않은 사연이 있습니다. 본래 처음 그림에는 예수님이 오른손에 컵을 들고 계셨다고 합니다. 현재 그림은 그렇지 않습니다. 작품이 완성될 무렵 다빈치는 친구에게 그림을 보여 주었는데 그 친구가 대뜸 "다빈치, 여기 예수님이 든 컵은 꼭 진짜 같은 데"라고 말했기 때문입니다. 다빈치는 예수님보다 더 중요하게 드러나는 것이 있어서는 안 된다고 생각했습니다. 그렇기 때문에 다빈치는 컵을 지워 버리고 예수님의 팔이 가만히 탁자 위에 올라가 있는 모양으로 수정했습니다. 우리 인생에서도 예수님보다 더 드러나 보이는 것이 없어야 합니다.

본문 1절부터 5절까지 가장 많이 나오는 단어는 '영화'로, 5번 기록되어 있습니다. 주님 기도의 핵심이 하나님께 영광 돌리는 것이었기 때문입니다. 우리에게도 하나님께 영광을 돌리는 삶이 필요합니다. 그것은 하나님께 영광 돌리는 삶이야말로 우리가 추구해야 하는 사명이기 때문입니다.

1. 나의 일(사명)은 하나님께서 주셨음을 알아야 한다(4절).

예수님은 마지막 사역을 앞두고 하나님께 간절히 기도하셨습니다. 여기서 우리는 33년의 공생애 동안 주님이 추구하셨던 목표를 볼 수 있습니다. 그 목표는 바로 하나님께 영광 돌리는 삶이었습니다. 예수님은 하나님의 영광을 위해, 그리고 우리의 구원을 위해 십자가를 지고 죽으셨습니다. 힘들고 어려워도 주님은 순종함으로써 하나님을 영화롭게 하였습니다.

당신은 어떤 일로 하나님께 영광을 돌리고 있습니까? 목회자나 선교사만이 할 수 있는 일이 아닙니다. 일상에서, 우리의 직업 가운데서도 하나님께 영광을 돌릴 수 있습니다. 중요한 것은 마음가짐입니다. 청소부도 자신의 일이 하나님께서 주신 것이요, 하나님께 영광 돌릴 수 있다고 생각하다면 그 일은 지구의 후미진 곳을 밝게 비추는 소중한 일이 됩니다. 우리가 가진 어떤 것이든 그것으로 하나님의 일을 이루어 하나님께 영광 돌리기를 바라야 합니다.

말씀 읽기 ▶ 히 11:13-16

2. 하나님께 영광이라는 삶의 목적이 분명해야 한다(4절).

자신의 영광이 아닌 하나님 아버지를 영화롭게 하는 일은 주님이 가장 중요하게 여기신 일이었습니다. 많은 사람은 자신의 명예를 예수님보다 더 귀하게 여기며 자신의 영광을 위해, 자신의 이름을 세상에 떨치기 위해 살아갑니다. 예수님은 정반대였습니다. 오직 하나님께 영광을 돌리는 삶이었습니다. 예수님은 사람들에게 알리기 위해 요란하게 선전하신 것이 아니라 삶으로 조용히 증명하셨습니다. 우리는 이와 같은 삶을 위해 기도해야 합니다. 우리가 일상 생활에서 만족하지 못하는 이유 중 하나는 좀 더 높은 가치와 목적을 발견하지 못하기 때문입니다. 독수리는 창공을 날도록 창조되었기 때문에 땅 위를 걷는 것으로는 만족할 수 없습니다. 우리는 단지 오늘만을 기분 좋게 살도록 창조되지 않았습니다. 하나님의 계획 가운데 창조된 인간은 좀 더 숭고한 목적을 위해 창조되었습니다. 그것이 바로 하나님의 영광을 위해 사는 삶입니다.

말씀 읽기 신 32:11

3. 생명을 구원하는 일에 헌신해야 한다(2절).

단 한 번뿐인 인생에서 단 한 가지의 일을 하라고 한다면 무엇을 하겠습니까? 우리는 가장 중요한 일을 해야 합니다. 가장 중요한 가치는 생명입니다. 천하에서 생명보다 귀한 것이 어디 있겠습니까? 우리의 가치 중에 가장 귀한 것은 생명을 살려 주는 것입니다. 가장 가치 있는 일은 생명을 구원하는 일에 쓰임 받는 것입니다. 사람과 세상을 변화시켜 하나님께 영광 돌린 사람들은 생명 구원의 분명한 사명감이 있었습니다. 하나님은 우리를 하나님의 자녀로 부르시고 복음을 증언하는 사명자로 부르십니다. 여러분의 평생 사명은 무엇입니까? 평생을 다해 하나님께 영광 돌리는 것이 되시기 바랍니다.

말씀 읽기 요 5:24

생각 나누기

01 하나님께 영광 돌리는 삶을 살기 위해 가장 먼저 기억해야 할 사항은 무엇입니까?

02 우리가 매일의 삶에서 만족하기 위해서는 어떻게 해야 합니까?

03 우리가 평생 사명으로 가져야 할 일은 무엇입니까?

절기와 은혜

chapter 47 **신실한 약속과 신년**

chapter 48 **십자가의 고난**

chapter 49 **부활한 몸의 다양성**

chapter 50 **성령 강림**

chapter 51 **행복한 가정**

chapter 52 **성탄의 선물**

chapter 47
신실한 약속과 신년

성경 / 마 6:25-33(p.9)

찬송 / 543(통342), 545(통344)

마음 열기

어느 인디안 소년이 산 위에 올라가서 하루 밤을 지냈습니다. 바람 소리, 짐승 소리가 무서워서 견딜 수가 없었습니다. 하룻밤을 지나고 새벽녘이 가까워 왔습니다. 갑자기 뒤에서 이상한 소리가 났습니다. 소년은 이젠 죽는가 보다 하며 두려운 마음으로 뒤를 돌아다보았습니다. 뒤에는 그 인디언 소년의 아버지가 활을 들고 서 있었습니다. 너무나 반가워서 소년이 물었습니다. "언제부터 거기 서 있었습니까?" "얘야, 나는 네가 어제 여기 온다는 이야기를 듣고 엊저녁부터 활을 들고 여기서 너를 지키고 있었다." 그 소년은 몰랐지만 그의 아버지는 밤새도록 활을 들고 뒤에서 지키고 서 있었던 것입니다. 하나님 아버지는 항상 우리를 지켜 주십니다. 우리가 보지 못할 때도…

우리가 사는 이 시대를 염려의 시대라고 말합니다. 신년을 맞아 우리는 말씀으로 담대하게 사는 법을 배워야 합니다. 염려는 우리 생활에 있어 무익하고 유해할 뿐입니다. 이 '염려'라는 말의 원어의 뜻은 날카로운 이빨을 가진 짐승이 다른 짐승의 목을 꽉 물어 질식시켜 죽이는 것을 의미합니다. 이 세상의 염려와 근심은 성령이 아니라 사단이 주는 것입니다. 미래에 대한 지나친 염려는 믿음으로 사는 신앙 생활을 방해합니다. 많은 사람이 불안과 염려로 신앙을 떠납니다. 이 두려움이 신앙 생활을 삼키지 못하게 해야 합니다. 이번 해는 이런 걱정과 염려를 이기는 한해가 되어야 합니다.

1. 걱정을 이기는 한해

오늘 본문에 예수님은 공중의 새를 보라 심지도 않고, 거두지도 않고, 창고에 모아들이지도 않는데 잘 살지 않냐고 말씀하십니다. 허쉘 포드(Hershel Ford) 목사님의 '물새와 참새의 대화'라는 이야기가 있습니다. 어느 날 물새가 인간들이 허둥지둥하며 사는 것을 보고 참새에게 이렇게 말합니다. "저 인간들을 좀 바라보게. 허둥지둥 대며 돈 때문에 아우성치고 이리저리 뛰어다니는 저 불쌍한 꼴들을 말이야." 그 이야기를 듣고 있던 참새가 물새더러 하는 말이 "그러게 아마 사람들에게는 우리를 돌봐 주시는 하나님 아버지가 계시지 않은 모양이지?" 그렇습니다. 하나님을 신뢰해야 합니다. 그리고 미래에 대한 막연한 염려를 버려야 합니다. 예수님을 믿고 하나님의 자녀가 되었습니까? 그렇다면 그 순간부터 하나님께서 여러분을 책임지고 지키시고 있음을 믿어야 합니다.

말씀 읽기 벧전 5:7

2. 하나님의 나라와 의를 먼저 구하는 한해

33절에서 "너희는 먼저 그의 나라와 그의 의를 구하라 그리하면 이 모든 것을 너희에게 더하시리라"라고 말씀하십니다. 여기에서 "구하라"라는 말은 성도의 삶에서 최우선 순위에 두어야 할 것이 무엇인가에 대해 보여 주고 있습니다. 하나님은 그의 나라와 그의 의를 구하며 사는 사람에게 "이 모든 것을 더하시리라"고 약속하고 계십니다. 이 말씀은 우리의 삶에 필요한 모든 것을 구체적으로 채워 주시겠다는 것입니다. 오리겐은 이렇게 말합니다. "하늘의 것을 추구하라. 그러면 하나님께서 세상의 것도 덤으로 주시리라." 하나님은 우리가 간구하고 추구한 모든 것 위에 '덤으로' 세상에서 필요한 모든 것들을 채워주실 것입니다.

말씀 읽기 벧전 1:3-4

3. 진열하심을 체험하는 한해

여기에서 "더하시리라"라는 말의 또 다른 뜻은 "프로스 티뎀"이라는 말로 동사가 합성된 말입니다. '~을 위하여'와 '진열해 놓다'라는 뜻입니다. 이것을 다시 말하면 하나님께서 우리를 향하여 사방에 많은 것들을 진열하신다. 즉 우리에게 필요한 것을 진열해 놓으신다는 말입니다. 축복하기 위해 만반의 준비를 하고 계신다는 뜻입니다. 하나님은 그의 나라와 그의 의를 구하는 자를 위해 그가 구하지 않은 세상의 모든 축복을 예비해 놓으셨습니다. 우리가 해야 할 일은 그의 나라와 그의 의를 구하는 것입니다. 진열된 축복을 받는 한해가 되기를 소망해야 합니다.

말씀 읽기 고전 2:9

생각 나누기

01 걱정 없는 삶을 살기 위한 필수적인 믿음은 무엇입니까?

02 하나님께서 그의 나라와 그의 의를 구하며 사는 사람에게 하신 약속은 무엇입니까?

3   하나님께서 풍성히 채워 주신 경험을 나누어 보자.

chapter 48
십자가의 고난

성경 / 고전 1:18-21(p.264)
찬송 / 259(통193), 262(통196)

마음 열기

한 사람이 하나님의 심판대 앞에 불려 가게 된 꿈을 꾸었습니다. 그의 꿈에는 한 거대한 양팔 저울이 있었습니다. 그리고 그 한쪽에는 천사들이 그가 행한 선행을 올려놓고 있었고 또 다른 한쪽에는 마귀가 그가 행한 악한 일을 쌓아 놓고 있었습니다. 천사들이 선행을 쌓는 곳에 더 이상 올려놓을 선행이 없다는 것을 알았을 때 등골이 오싹해졌습니다. 저울은 순식간에 악행을 쌓아 놓는 쪽으로 기울여졌습니다. "오. 주여. 불쌍히 여기소서." 그는 소리쳤습니다. 그때. 그는 선행을 올려놓은 쪽에 세 개의 피 묻은 못이 떨어지는 소리를 들었습니다. 그 못이 저울 위로 떨어지자마자 저울은 선행 쪽으로 기울어졌습니다. 마귀가 그 위에 무엇을 더 올려도 상관없이 저울은 그대로 있었습니다. 이 못들은 예수 그리스도의 손과 발에 박혔던 못이었던 것이었습니다.

하나님께서 인간에게 주신 귀한 선물들이 많습니다. 이 많은 선물 중에서 우리에게 가장 귀한 것은 단연코 십자가입니다. 이것이 가장 귀중한 선물임을 깨달아야 합니다.

1. 십자가의 도

왜 사람들은 예수님의 십자가 비밀을 깨닫지 못했을까요? 그들은 십자가가 아니라 힘과 돈이 필요하다고 생각했기 때문입니다. 이 땅에서 잘 살고 행복해지기 위해서는 힘, 즉 경제적인 힘과 세상적인 힘이 필요한데, 십자가에 못 박혀 죽은 예수님의 이야기는 자신들의 기대를 채우지 못한다고 생각했습니다. 이런 생각은 그때나 지금이나 동일합니다. 사람들은 십자가 이야기에 관심이 없습니다. 사람들이 생각할 때에 십자가는 지금 당장 나를 윤택하게 하는 데 별로 도움을 주지 못합니다. 십자가는 200만원의 월급을 당장 400만원으로 올려 주거나 경제적인 도움이 되지 않습니다. 이것이 사람이 갖는 한계요, 그 지혜와 생각의 한계입니다. 이 한계 때문에 십자가의 축복 앞으로 나오지 못합니다.

말씀 읽기 골 1:20

2. 세상의 고상한 지혜

로마 사람들은 인생의 고상한 지혜를 구했습니다. 세상적인 고상한 지혜를 추구하는 헬라인의 시각에서 볼 때 예수님이 우리 죄를 위하여 십자가에 죽으셨다는 말은 '미련한 것'으로 보일 수밖에 없었습니다. 하지만 헬라 사람들이 자랑하는 고상한 지혜로는 구원을 얻을 수 없습니다. 이 세상의 지혜는 우리를 좀 더 편리하게 살 수 있게 할 수 있지만 영생을 얻게 하지 못합니다. 성경은 말씀합니다. 이 세상에 좀 똑똑하다고 생각하는 사람이 있느냐? 지혜 있는 자가 어디 있느냐? 많이 배운 학자가 어디 있느냐? 이 세대에 철학자(변사)가 어디 있느냐? 십자가의 복음은 세상의 지혜로 결코 이해할 수 없습니다. 세상적인 지혜가 아니라 하나님이 주시는 지혜로 말미암아 십자가의 진리와 구원을 얻게 됩니다. 많은 사람이 고상하게 보이는 이 세상의 지혜를 더 가치 있게 생각합니다. 그러하기에 십자가로 나오지 못합니다. 그들은 고등과학이나 진화론을 더 가치 있는 유식하고 고상한 지식으로 생각합니다. 그것은 십자가의 영원한 진리에 결코 비교할 수 없습니다.

말씀 읽기 갈 6:14

3. 십자가, 하나님의 선물

예수님의 십자가는 하나님의 공의와 사랑을 다 만족시켜 우리를 구원하는 유일한 방법입니다. 인생에게 있어 가장 큰 문제는 다름 아닌 죄의 문제입니다. 사람들은 이 문제를 듣기 거북해 합니다. 적당한 말로 미화하고 회피합니다. 하지만 피할 수 없는 사실입니다. 인류의 문제는 깊이 자리 잡은 죄성입니다. 이 죄는 하나님과 원수가 되게 합니다. 사람과도 원수가 되게 합니다. 하나님의 모든 축복을 가로 막습니다. 십자가는 이 문제를 유일하게 해결합니다. 십자가는 하나님의 놀라운 지혜가 나타난 곳입니다. 이 십자가는 여러분에게 주시는 하나님의 최고의 지혜요, 최고의 선물입니다.

말씀 읽기 빌 3:18

생각 나누기

01 왜 사람들이 예수님의 십자가 비밀을 깨닫지 못한다고 생각합니까?

02 세상 사람들이 예수님의 십자가를 미련한 것으로 보는 이유가 무엇이라고 생각합니까?

03 십자가의 선물을 통해 내가 하나님께 얻을 수 있게 된 것들은 무엇이 있는지 이야기해 봅시다.

chapter 49
부활한 몸의 다양성

성경 / 고전 15:40-50(p.283)
찬송 / 421(통210), 425(통217)

마음 열기

터키에서 선교하던 선교사 한 분이 사람들에게 예수님의 부활을 설명하려 했습니다. "나는 여행하고 있습니다. 길을 가는데 두 갈래의 길을 만났습니다. 어느 길이 내가 목적하는 곳으로 갈 수 있는 길인지 알 수가 없었습니다. 누군가에게 길을 물으려고 하다가 두 사람을 만났습니다. 그런데 한 사람은 살아 있는 사람이요 또 한 사람은 죽어 있는 사람입니다. 내가 누구에게 길을 물어야 하겠습니까? 산 사람입니까? 죽은 사람입니까?" 그러자 그들은 말하기를 "그야 물론 산 사람에게 물어야 하지 않겠습니까?"라고 했다. "그렇다면 어찌 내가 살아 계신 예수님께 찾아가지 않고 죽어버린 마호멧을 찾아가겠습니까?"

성경은 부활한 성도의 모습이 모두 다 똑같지 않고 다양하다고 증언합니다. 하나님의 위대하심이 여기에 또한 나타납니다.

1. 부활한 몸의 다양성(40-41절)

부활체는 형체와 기능만 다른 것이 아닙니다. 그 등급과 지위도 다릅니다. "하늘에 속한 형체도 있고 땅에 속한 형체도 있으나 하늘에 속한 자의 영광이 따로 있고 땅에 속한 자의 영광이 따로 있으니, 해의 영광도 다르며 달의 영광도 다르며 별의 영광도 다른데 별과 별의 영광이 다르도다"(40-41절). 같은 하늘에 속한 육체에도 영광의 차이가 있습니다. 해의 영광, 달의 영광, 별의 영광이 다릅니다. 별과 별의 영광도 다릅니다. 밤하늘의 별도 밝기의 차이가 있습니다. 부활체는 각자 영광스런 몸으로 일어날 것입니다. 그러나 그 영광의 정도는 사람마다 다를 것입니다. 그렇다고 차별과 불행을 의미하는 것은 아닙니다. 부활체의 다양성을 말하는 것입니다.

말씀 읽기 롬 6:5

2. 현재의 몸과 부활한 몸의 다른 점(42-44절)

부활한 몸은 현재와 다릅니다. 부활의 몸은 썩지 않는 몸입니다. 현재의 몸은 썩는 몸입니다. 언젠가는 소멸될 몸이란 뜻입니다. 지금의 몸은 아무리 건강관리를 잘해도 죽을 날이 옵니다. 하지만 부활할 몸은 다릅니다. 절대로 썩지 않는 몸이요, 죽지 않는 몸입니다. 이것이 우리가 영원히 소유할 몸입니다.

말씀 읽기 히 11: 35-38

3. 신령한 몸(45-46절)

현재의 우리의 몸은 '육의 몸'입니다. '육의 몸'이란 헬라어로 자연계의 몸이란 뜻입니다. 자연계의 몸이란 시간과 공간의 제약을 받는 몸을 가리킵니다. 때가 되면 늙고 변하는 몸입니다. 굶주리면 움직이지 못하고, 누가 붙잡아 가두면 도망칠 수 없는 몸입니다. 그러나 부활체는 신령한 몸, 즉 영적인 몸입니다. 시간 세계의 제약도 공간의 제약도 초월할 수 있습니다. 부활한 몸은 현재 우리가 입고 있는 육신의 모든 연약함, 즉 모든 한계를 극복합니다. 더는 죄가 역사하지 못하는 완벽한 몸을 입게 됩니다.

말씀 읽기 요 20:26

3. 영광스런 몸(47-50절)

현재의 몸은 죄의 유혹으로 오염되어 있습니다. 그러나 부활할 몸은 영광스런 몸입니다. 지금 우리가 입고 있는 몸은 미래의 몸과 비교해 보면 욕됩니다. 즉 명예롭지 못하고, 부끄러운 몸이란 뜻입니다. 인간들의 손은 때로 도둑질하고 폭력을 휘두르는 데 사용됩니다. 지금 인간들의 발은 때로는 가지 말아야 될 곳으로 우리를 인도합니다. 인간들의 입은 다른 사람을 욕하는 데 사용되기도 합니다. 이렇게 세상의 육체는 죄의 도구로 사용되기 때문에 욕된 몸이요, 불명예스런 몸입니다. 그러나 부활의 몸은 다릅니다. 영광스러운 용도에만 사용됩니다. 하나님이 기뻐하시는 일에만 사용될 것입니다. 그래서 영광의 몸이 됩니다.

말씀 읽기 갈 5: 20-21

생각 나누기

01 부활한 몸이 다양성을 가지게 된다는 의미는 무엇입니까?

02 부활한 몸이 영광스러운 몸이라는 의미는 무엇입니까?

03 부활에 참여하는 자가 되기 위해 준비해야 할 일은 무엇일까요?

chapter 50
성령 강림

성경 / 행 2:1-4(p.188)

찬송 / 190(통177), 197(통178)

마음 열기

주일학교에서 한 선생님이 같은 모양의 작은 상자 두 개를 들고 와서 학생들에게 보여 주며 말했습니다. "여러분, 이 상자 안에 돌이 가득 들어 있다면 이것은 무슨 상자지요?" 이때 한 어린 학생이 "그건 돌상자입니다."라고 말했습니다. 선생님은 맞다고 하며 또 다른 상자를 들어 보이고는 말했습니다. "이 상자 안에는 썩은 뱀이 들어 있어요. 그러면 이 상자는 무슨 상자지요?" 그러자 "물론 썩은 뱀 상자입니다."라고 학생이 대답했습니다. 선생님은 고개를 끄덕이며 말했습니다. "그래요, 우리 안에는 성령님이 계시는 거룩한 성전이예요. 우리가 우리 자신을 이렇게 거룩한 존재로 여길 때 우리 안에 계신 성령님께서도 기뻐하실 거예요."

본문 말씀은 교회의 시초가 된 성령의 역사에 관한 말씀입니다. 이 말씀에는 성령의 은혜를 입어 성공적인 삶을 살 수 있는 귀한 비결이 있습니다.

1. 성령님을 간절히 기다렸다(행 1:4-5).

우리가 하나님의 약속을 듣고 기다리면 하나님은 그 약속을 성취하시는데, 그 약속의 내용은 바로 가장 큰 축복, 성령님을 받는 것이었습니다. 요즘 같은 물질 만능의 시대에는 성령을 바라보는 대신 물질만을 바라보는 세속 정신이 성도들을 사로잡고 있습니다. 좋은 집을 간절히 바라는 성도는 많지만, 성령님의 충만한 인도를 간절히 바라는 성도는 많지 않습니다. 투자한 땅값이 올라가기를 바라는 마음은 간절하지만 성령님의 인도를 얻고 싶은 갈망은 크지 않습니다. 성령님의 인도는 인도함을 바라고 기다리는 자에게 허락됩니다. 성령님의 임재를 갈망하고 약속의 말씀을 믿고 기다리면, 하나님께서 그 약속을 성취하여 주십니다. 기다리는 것도 받는 것만큼이나 축복이며, 은혜입니다. 하나님의 성령 충만에 대한 약속은 갈망하는 사람에게 성취됩니다. 많은 믿음의 선배들은 이 세상 어떤 것보다 더 강한 마음으로 성령님을 사모했습니다. 그 결과 그들은 성령님의 더 깊은 인도를 받는 영적 거인으로 살아갔습니다. 우리에게도 필요한 것이 이런 간절한 기다림입니다.

말씀 읽기 ▶ 히 10:36

2. 마음을 같이하여 전혀 기도에 힘썼다(행 1:12-14).

마가의 다락방에 모두 120명이 모여 마음을 같이하여 기도하기에 힘썼다고 했습니다. 또한 "전혀 기도에 힘쓰니라"라고 하였습니다.

그들은 약속하신 성령님이 임할 때까지 기도에 모든 힘을 쏟아부었습니다. 이들의 기도의 목표는 오직 한 가지였습니다. 약속하신 성령님을 주소서였습니다. 그들은 제대로 먹지도 못하고 기도했을 것입니다. 제대로 자지도 못하고 기도했을 것입니다. 당연히 세상의 오락을 즐길 여유는 없었습니다. 모든 세상의 즐거움은 거룩한 즐거움, 더 큰 기쁨을 위해 유보되었습니다. 하나님 앞에 열심히 부르짖고 기도하자 하나님은 그들에게 응답하셨습니다. 약속하신 성령님을 그들에게 부어 주셨습니다. 기도는 성령님의 능력을 지금 내가 사는 이곳, 이 시간에 하나님의 능력이 임하게 하는 파이프 라인입니다.

말씀 읽기 막 3:29

3. 성령의 임재 후 변화하였다(행 2:1-4).

성령님을 체험하고 능력과 표적으로 언어가 달라졌습니다. 성령님으로 영의 사람이 되기 전에는 원망, 불평 등 부정적인 얘기를 많이 하다가도, 은혜를 받고 나면 언어가 새로워집니다. 감사의 말, 전도하는 말로 점점 변화되어 집니다.

제자들은 성령님을 체험했을 때 담대해 졌습니다. 그들은 용기와 힘을 얻었습니다. 그래서 담대히 나아가서 주의 복음을 전파함으로 수천 명씩 주님께 돌아오는 역사를 체험하게 되었습니다. 성령님의 능력으로 우리는 담대하게 복음을 전파합니다. 역사적으로 뛰어난 전도자들은 성령의 사람이었습니다. 그들은 담대하게 복음을 전했습니다. 왕을 두려워하지 않았고 그 시대의 철학 때문에 위축되지도 않았습니다. 복음의 담대함은 성령의 임재 가운데 나타나는 것입니다.

말씀 읽기 요엘 2:28-29

생각 나누기

01 우리가 성령님의 인도하심을 소망해야 하는 이유는 무엇입니까?

02 합심 기도를 드릴 기도 제목이 있는지 하나씩 나누어 봅시다.

03 성령님을 체험한 후 우리 안에 일어난 변화가 있는지 나누어 봅시다.

chapter 51
행복한 가정

성경 / 행 10:1-6(p.204)
찬송 / 559(통305), 579(통304)

마음 열기

'만종'이라는 그림은 밀레의 작품입니다. 이 그림 안에는 행복한 가정을 이루기 위한 중요한 세 가지 요소가 담겨 있습니다.
첫째는 일의 요소입니다. 부부가 밭에서 일하고 있는 모습이 그려져 있습니다. 씨 뿌림이 있을 때 거둠이 있습니다. 가정을 향한 수고가 있을 때 가정에서의 행복이란 결실이 있습니다. 둘째는 사랑의 요소입니다. 그림 속의 두 부부가 마주 보고 있는 모습이 그렇게 정다울 수가 없습니다. 행복한 가정을 위해서는 사랑이 있어야 합니다. 잘못을 용서하고 허물을 덮어 주는 사랑이 있어야 합니다. 셋째는 믿음의 요소입니다. 두 부부가 밭에서 일을 하다가 멀리서 종소리가 울려오니 일손을 잠시 놓고 손을 모아 기도합니다. 행복한 가정을 위해서는 두 사람 다 하나님께로 다가가는 신앙이 있어야 합니다.

좀 더 나은 가정을 꾸미고, 행복한 가정으로 가꾸어 가는 것은 하나님의 우리를 향한 계획입니다. 오늘 본문에 나오는 고넬료의 집안은 하나님의 은혜를 많이 받은 가정입니다. 이 가정이 큰 은혜를 받은 이유를 알아봅시다.

1. 고넬료는 하나님께 순종하는 가장이었다.

2절에 보면 "그가 경건하여 온 집으로 더불어 하나님을 경외하며 백성을 많이 구제하고 하나님께 항상 기도하더니"라고 했습니다. 고넬료는 경건한 생활을 하는 사람이었습니다. 그는 백성을 많이 구제했고 항상 하나님께 기도했다고 하였습니다. 이 말씀을 보면 고넬료의 신앙은 그의 가족들의 신앙에 모범이 되었습니다. 하나님께서 가장에게 가정을 잘 다스리도록 권위를 주셨습니다. 이 권위는 가장이 하나님께 순복하고 말씀에 순복할 때 발휘됩니다. 기독교 가장으로서의 권위는 순종을 바탕으로 합니다. 이런 가장인 고넬료의 집안은 온 가족이 모두 하나님을 섬기고 구제하고 기도했습니다. 가장은 가정의 행복에 우선적인 역할을 합니다. 하나님께 순종하는 가장은 순종하는 가족을 만들 수 있습니다. 순종은 행복한 가정의 기초가 됩니다.

말씀 읽기 ▶ 고전 7:3-5

2. 고넬료의 가정은 가족 모두가 은혜를 받았다.

24절에 보면 "이튿날 가이사랴에 들어가니 고넬료가 일가와 가까운 친구들을 모아 기다리더니"라고 했습니다. 3절 이하에 보면 고넬료가 천사의 계시를 받고 즉시 사람을 보내 베드로를 모셔 오도록 했습니다. 혼자가 아니라 가족 친지까지 모두 동원하여 말씀을 듣기에 열정적이었습니다. 가족 모두가 하나님의 은혜 받을 준비가 되어 있었던 것입니다. 베드로를 통해 내린 은혜는 고넬료 한 사람만 받은 것이 아니라 가족 전체에게 임했습니다. 은혜는 온 가족이 받아야 부피가 커집니다. 그리고 오래갑니다. 식구 중 아내 남편만 받는 것보다 모두 같이 은혜받기를 사모해야 합니다.

말씀 읽기 엡 5:23-245

3. 가족 모두가 성령의 체험이 있었다.

"베드로가 이 말을 할 때에 성령이 말씀 듣는 모든 사람에게 내려오시니"라고 했고 45절에는 "이방인들에게도 성령 부어 주심을 인하여 놀라니"라고 했습니다. 성령님의 역사가 개인에게 임할 때, 가족 가운데 있는 갈등의 문제를 극복할 수 있습니다.

부부 관계의 문제도 표면에 드러나는 여러 가지에 너무 집중하는 것은 더 많은 갈등을 일으킵니다. 문제는 내면적일 경우가 많습니다. 이기주의, 성숙하지 못한 인격, 비난하는 습관, 낮은 자존감, 교만, 무책임 등 이런 많은 것들이 겉으로 드러나는 문제의 뒤에 숨겨져 있습니다. 결혼 후에 우리 안에 있는 문제가 드러나는 것입니다. 이 문제는 결혼 전에 나의 내면에 존재했습니다. 내가 단지 인식하지 못해 왔던 것이 배우자와 함께 살게 되면서 표면으로 드러나게 되는 것입니다. 문제가 드러나는 것이 항상 나쁜 일은 아닙니다. 자신의 문제를 성령님의 도움으로 해결해 나가야 합니다.

말씀 읽기 골 3:18-19

생각 나누기

01 주님이 사랑하는 가정의 권위는 무엇을 기초로 합니까?

02 온 가족이 은혜를 받을 때의 장점은 무엇입니까?

03 가정에 문제가 발견될 때 어떻게 해야 한다고 생각합니까?

chapter 52
성탄의 선물

성경 / 마 1:21-23(p.1)
찬송 / 104(통104), 109(통109)

마음 열기

뉴욕 맨하탄에 사는 살 마그리오씨는 해마다 크리스마스가 되면 5800달러를 사용합니다. 이 돈이 사용되는 곳은 근처의 교도소입니다. 그는 이곳에서 죄수 10명에게 보석금을 걸어 주는 데 사용하였습니다. 이 보석금 덕분에 매년 몇 명의 죄수들이 크리스마스 전날에 보석되어 크리스마스를 찬 유치장이 아닌 가정에서 아내와 어린 자녀들과 함께 보낼 수 있었습다. 만일 보석금으로 풀려난 이들이 돌아오지 않으면 이 보석금은 없어지게 됩니다. 마그리오 씨는 16년째 이 일을 하고 있는데 이 일에 대해 말하기를 "돈을 잃을 때도 있지만 그들의 기뻐하는 얼굴이 내가 받는 최고의 크리스마스 선물입니다."라고 말하였습니다.

어린아이들은 선물이 양말 안에 있을 때 성탄절에 감사하게 됩니다. 하지만 나이가 들게 되면 연말연시의 분위기 때문에 감사하게 됩니다. 크리스마스 시즌이 되면 쇼핑몰에서는 대대적인 세일을 합니다. 하지만 성도들이 성탄절을 감사하고 기뻐하는 이유는 이와는 다릅니다.

1. 우리에게 가장 귀한 선물: 예수님

하나님은 이 선물을 주시기 위해 수천 년간 준비하고 준비하셨습니다. 이는 인간에게 있어 가장 필요하고 귀한 선물입니다. 하나님은 우리 모두에게 선물로 주셨습니다. 바로 자신의 독생자 아들을 주신 것입니다. 이렇게 낮고 천한 곳에 임하신, 선물로 오신 예수님은 우리 인생에 가장 필요한 선물입니다.

얼마 전 테러리스트들이 설치한 폭탄에 의해 출근 시간에 기차를 타고 가던 무고한 시민들이 죽었습니다. 인생의 죽음과 저주의 폭탄을 미리 아신 예수님은 우리가 도착하게 될 그 죽음의 역에 먼저 가셔서 그 역의 폭탄이 터지기 전 앞서서 파괴하셨습니다. 2000년 전에 폭파시켜 버렸습니다. 그리하여 이 예수님을 믿는 사람들은 그 사망과 죽음의 역을 지날 때 전혀 해를 받지 않고 나아가 하나님의 나라라는 역에 도착할 수 있게 되었습니다.

말씀 읽기 ▶ 요일 4:9

2. 성탄을 은혜로 받는 자에게 역사하는 선물

이 선물에도 신비한 것이 있습니다. 신비는 바로 이 선물의 효력이 모든 사람에게 미치는 것이 아니라 선물되신 예수님을 믿고 그분의 말씀을 듣는 사람에게만 효력이 발생한다는 사실입니다. 이 하늘의 선물을 믿음이란 두 손으로 받길 간절히 바랍니다. 우리는 단지 연말연시의 기분으로 성탄을 기뻐하지 않습니다. 더 큰 기쁨이 성탄에 있습니다. 인생의 가장 큰 선물되신 예수님의 탄생 비밀을 알고 있기 때문입니다. 내 인생을 저주에서 축복으로 변화시키신 신비가 바로 예수님이십니다. 이 예수 그리스도께서 나에게 찾아오셨습니다.

말씀 읽기 요 3:18

3. 성탄은 임마누엘의 선물

이분의 이름은 임마누엘입니다. "하나님이 우리와 함께하신다"라는 뜻입니다.

영국에 있는 한 출판사에서 상금을 내걸고 친구라는 말의 정의를 독자들에게 공모한 적이 있었습니다. 친구를 정의하는 수천 통의 응모 엽서 가운데서 1등은 이것입니다: "온 세상 모두 내 곁을 떠났을 때 나와 함께하는 사람"

예수님은 우리 인생과 함께하시기 위해 이 땅에 오셨습니다. 인생이 아니신 하나님, 그분은 연약한 인간처럼 태어나서 죽음을 맛보고 체험할 필요가 없으셨습니다. 이분은 시계가 필요 없으십니다. 그분이 이 태양과 시간을 만드셨기 때문입니다. 무한하신 분이십니다. 자로 잴 수조차 없이 크신 분이십니다. 그런데 이분이 인간의 몸을 입고 이 땅에 나심으로 우리 인간처럼 나약해지고 작아지셨습니다. 그리하여 주님께서 인간들 세상에 나시고 우리 인간 세상에서 인간과 함께하실 수 있게 되었습니다. 이뿐 아니라 그 예수님은 지금 우리와 함께 하십니다. 우리가 힘들 때에도, 온 세상의 사람들이 다 떠날 때에도, 가장 사랑하는 사람이라도 같이 갈 수 없는 죽음의 순간에도 우리 예수님은 함께해 주십니다. 주님은 우리를 친구라고 하시며 우리의 임마누엘, 영원한 친구가 되십니다.

말씀 읽기 마 1:23

생각 나누기

01 하나님께서 우리에게 주신 가장 귀한 선물은 무엇입니까?

02 선물되신 예수님의 효력이 우리에게 미치기 위해서는 어떻게 해야 합니까?

03 예수님이 오심으로 우리가 받을 수 있게 된 선물은 무엇입니까?

예수사랑 교재

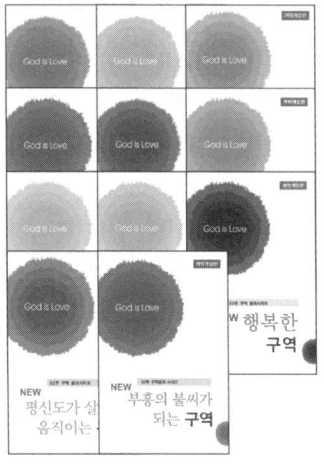

52주 구역공과 시리즈

NEW 행복한 구역
NEW 아름다운 구역
NEW 열매맺는 구역
NEW 전도하는 구역
NEW 은혜로운 구역
NEW 충성하는 구역
NEW 부흥하는 구역
NEW 교회를 세우는 구역
NEW 부흥의 불씨가 되는 구역
NEW 평신도가 살아서 움직이는 구역

자성구 구역공과 시리즈

자기주도적 성장하는 구역(상반기 26주)
자기주도적 성장하는 구역(하반기 26주)

52주 신바람 구역공과 시리즈

제자로 세우는 구역 1, 2, 3, 4

아름다운 믿음생활 시리즈

아름다운 믿음생활 1 (52주 구역공과)

부흥하는 믿음생활 2 (52주 구역공과)

은혜출판사·추천도서

『전능자의 그늘』 저자가 전하는 크리스천 가정 이야기
크리스천 가정 세우기

엘리자베스 엘리엇 지음 | 신국변형 | 368면 | 값 15,000원

본서는 엘리자베스 엘리엇이 전하는 크리스천 가정 이야기로서 자신의 경험을 통해 자녀의 신앙 양육을 고민하게 한다. 저자의 아름다운 경건의 유산은 오늘을 사는 우리에게 감동을 주기에 부족함이 없다.

성경에 따른 마음 치유 시리즈 1
분노 조절하기

그레고리 L. 얀츠 지음 | 신국판 | 312면 | 값 15,000원

본서의 탁월한 점은 분노의 원인에 대해 이론적인 접근에서 멈추지 않고 '내가 무엇을 해야 하는가'까지 나아간다는 것이다. 본서는 우리에게 인생의 분노를 조절하고 극복할 수 있는 긍정적인 방법을 제공할 것이다.

성경에 따른 마음 치유 시리즈 2
분노와 상처 극복하기

드와이트 L. 칼슨 지음 | 신국변형 | 224면 | 값 13,000원

본서는 감정의 문제를 성경의 원리에 따라 현명하게 대처하며 유지할 수 있는 방법을 제시한다. 특히 저자의 상담 사례를 근거로 감정을 다스릴 수 있는 방법을 단계별로 익히고 연습할 수 있도록 돕는다.

아름다운 삶 시리즈 2
부흥하는 믿음 생활

초판	2022년 10월 17일
지은이	신정석, 박진욱
펴낸이	장현덕
펴낸곳	도서출판 예수사랑 (Grace 은혜출판사)
주소	서울 종로구 종로65길 12-10
전화	(02) 744-4029 팩스 744-6578
출판등록	제 1-618호(1988. 1. 7)
값	8,800원

ⓒ 2022 Grace Publisher, Printed in Korea
ISBN 978-89-7917-072-6 04230
ISBN 978-89-7917-109-9 04230 (세트)

이 출판물은 저작권법에 의해 보호를 받는 저작물이므로 무단 전재와 무단 복제를 할 수 없습니다.